JN064928

実務セレクト

生活安全警察 110判例

【改訂版】

江原　伸一　著

東京法令出版

改訂版はしがき

　本書の初版が発行されて5年が経過している。この間、時代は平成から令和に移り、新型コロナウイルス感染症の流行など、社会経済状況や市民生活の状況も大きく変化している。

　このような中、ケーススタディとなる生活安全警察の実務判例にも、新たな事例が現れている。そこで、出版社の勧めもあり、この度本書の改訂を行うこととした。

　改訂に当たっては、本書の基本的な視点は維持しながら、第一線で活躍される方々の意見も参考としつつ、最近における生活安全警察の実務判例を幅広く検討し、実務家の参考となるよう判例選定を行っている。その結果、今回の改訂により、前書から概ね3分の1の判例を差し替えるとともに、「サイバー事犯」判例の選定を増やすこととした。

　判例紹介に当たっては、判例目次において見出しとポイントを掲載し、その要点が把握できるようにした。また、本文では、事案概要、判決要旨、解説を見開き2頁にコンパクトにまとめ、根拠法条や参考文献についても簡記した。さらに、判例理解の一助となる用語解説を「豆知識」として加えるとともに、「付録判例」を付加して本編で掲載できなかった重要判例を紹介している。

　本書改訂版が、前書と同様に、生活安全警察を担当する実務家の参考となれば幸いである。出版に当たり、東京法令出版の皆さんにお世話になった。厚くお礼申し上げたい。

　　令和3年3月

江原　伸一

は し が き

　我が国経済社会の発展に伴い、市民の日常生活も大きく変貌している。市民生活の身近で警察活動を推進している生活安全警察の業務も大きく様変わりをしており、業務に関連する事案も複雑多様化している。このような状況を踏まえ、警察官など実務家向けに、生活安全警察に関わるケーススタディとなる実務判例を紹介することを目的として、本書を取りまとめることとした。

　本書では、実務家の視点から、最近における生活安全警察の関連判例を幅広く検討し、110件の判例を選定した。なお、判例選定に際しては、以前に著した『実務に役立つ最新判例77選』シリーズの生活安全警察編や刑法・特別刑法編に既に掲載している判例と、重複しないよう配意している。

　判例紹介に当たっては、それぞれ見出しを付けた上で、ポイント、事案概要、判決要旨、解説を見開き2頁にコンパクトにまとめている。また、判例内容を精査して、「人身安全関連」、「少年」、「風俗・わいせつ」、「サイバー」、「生活環境」、「経済」、「諸法令」に大別している。さらに、必要に応じて、判例理解の一助となる用語解説を「豆知識」として加えるとともに、関連判例についても要約して記載している。

　本書が、生活安全警察を担当する実務家の参考となれば幸いである。出版に当たり、東京法令出版の皆さんにお世話になった。厚くお礼申し上げたい。

　　平成28年3月

　　　　　　　　　　　　　　　　　　　　　　江原　伸一

凡　例

○　法令

憲法	日本国憲法
刑訴法	刑事訴訟法
刑訴規則	刑事訴訟規則
ストーカー規制法	ストーカー行為等の規制等に関する法律
ＤＶ防止法	配偶者からの暴力の防止及び被害者の保護等に関する法律
暴力行為等処罰法	暴力行為等処罰ニ関スル法律
児童ポルノ法	児童買春、児童ポルノに係る行為等の規制及び処罰並びに児童の保護等に関する法律
リベンジポルノ防止法	私事性的画像記録の提供等による被害の防止に関する法律
出入国管理法	出入国管理及び難民認定法
労働者派遣法	労働者派遣事業の適正な運営の確保及び派遣労働者の保護等に関する法律
風営法	風俗営業等の規制及び業務の適正化等に関する法律
組織的犯罪処罰法	組織的な犯罪の処罰及び犯罪収益の規制等に関する法律
迷惑防止条例	公衆に著しく迷惑をかける暴力的不良行為等の防止に関する条例
不正アクセス禁止法	不正アクセス行為の禁止等に関する法律
特定電子メール法	特定電子メールの送信の適正化等に関する法律
出会い系サイト規制法	インターネット異性紹介事業を利用して児童を誘引する行為の規制等に関する法律
ハイジャック防止法	航空機の強取等の処罰に関する法律
廃棄物処理法	廃棄物の処理及び清掃に関する法律
廃棄物減量条例	廃棄物の減量及び適正処理等に関する条例
医薬品医療機器等法	医薬品、医療機器等の品質、有効性及び安全性の確保等に関する法律

2

種の保存法……………………絶滅のおそれのある野生動植物の種の保存に関する
　　　　　　　　　　　　　　　法律
動物愛護法……………………動物の愛護及び管理に関する法律
出資法…………………………出資の受入れ、預り金及び金利等の取締りに関する
　　　　　　　　　　　　　　　法律
債権管理回収業法……………債権管理回収業に関する特別措置法
小型船舶操縦者法……………船舶職員及び小型船舶操縦者法
ピッキング防止法……………特殊開錠用具の所持の禁止等に関する法律
チケット不正転売禁止法…特定興行入場券の不正転売の禁止等による興行入場券
　　　　　　　　　　　　　　　の適正な流通の確保に関する法律
銃刀法…………………………銃砲刀剣類所持等取締法
国賠法…………………………国家賠償法

○　文献

判時……………………………判例時報
判タ……………………………判例タイムズ
裁判所 web　……………………裁判所ウェブサイト・裁判例情報
　　　　　　　　　　　　　　　（www.courts.go.jp/app/hanrei）
ＷＪ……………………………ウエストロー・ジャパン（Westlaw Japan）
家月……………………………家庭裁判月報

〔参考文献〕

生活安全小六法（東京法令出版）
警察官実務六法（東京法令出版）
判例六法（有斐閣）
法律学小辞典（有斐閣）
警察実務用語事典（日世社）

目　　次

第 1　人身安全関連事犯

第2　少年・福祉犯事犯

第3　風俗・わいせつ事犯

第4　サイバー事犯

第5　生活環境事犯

第6　経済事犯

第7　諸法令事犯

豆知識

第 1

人身安全関連事犯

新潟少女監禁事件

新潟地裁平成14年1月22日判決

> 根拠法条：刑法220条、221条、224条、235条
> 参考文献：判タ1095号

ポイント 　**9年余りの長期間にわたる監禁事件**

事案概要

　Xは、小学生女児V（当時9歳）を略取するとともに逮捕監禁し、そのままVを約9年2か月にわたり自宅内に監禁し続け、その結果、Vに下肢の筋力低下等の傷害を負わせた。また、監禁中に成長したVに着用させるために、下着4枚を窃取した。

　Xは未成年者略取・逮捕監禁致傷・窃盗で起訴された。

判決要旨 　**有罪（懲役14年）　上訴の後に最高裁で1審判決維持**

　当時、母親の収入に頼って無為徒食の生活をしていたXがドライブをしていた際、たまたま通り掛かった農道上で、当時小学四年生のVにナイフを突き付けて脅かし、自車のトランク内に押し込めるなどして略取するとともに逮捕監禁した上、Xには当時友人がなく寂しい思いをしていたことなどから、Vと一緒にいたいなどと考え、自宅2階の自室洋間に連れ込んで閉じ込めて、以後約9年2か月間余りという極めて長期間にわたって監禁し続け、治療期間不明の両下肢筋力低下等の傷害を負わせた。

　Xは、かねてから成人女性と交際することが面倒と思い、幼い女児であれば抵抗されることがなく自分の意のままにできるなどと考え、Vが好みのタイプであるため自己の支配下に置いて意のままにしようという自己の欲望を抑えきれずに、犯行に及んだ。その動機は、非常に身勝手極まりないものである上、陰湿でもあり、V自身の心情やその後の人生への影響、そしてVの安否を気遣うその家族の心情を全く顧みない、誠に自己中心的なものであっ

て、酌量すべき余地は全くない。

解説

　本件犯人は、自宅に被害女児を連れ込んだ当初から、同女の逃走意欲を喪失させるべく、腹部にナイフを突き付けるなど強度の脅迫を加え続け、頭部や顔面等を手拳で多数回殴打し、背部や足等を足蹴にすることを繰り返した。また、犯人が外出する時には、初めの数か月間は両手両足を粘着テープで緊縛し、夜間睡眠をとるときなども両足を同様に縛っていた。また、同女がいることを母親を含む外部の第三者に知られないように、大声を出すことを禁止し、行動範囲を原則として部屋内に置かれたベッドの上に限定して、そこから降りることすら禁止していた。被害者が犯人の意に沿わない行動や言動をした場合は、顔面を執拗に殴打し足蹴にし、スタンガンを腕や大腿部に押し当てて放電していた。

　被害者は、9歳から18歳までという人生の貴重な時間である幼児期から思春期及び青春時代の成長期で、人格を形成し社会適応性を育む重要な時期を奪い取られ、教育を受ける機会をも奪われ、大きな痛手を負っていた。また、被害者家族にとっても、9年余りの行方不明の間にその安否を気遣い続け、子供の成長過程を見守る機会を奪われた。

豆知識① 特異行方不明者

　行方不明者とは生活の本拠を離れ、その行方が明らかでなく、親族等から警察に届出がなされた者をいう。特異行方不明者とは、行方不明者のうちで殺人等の犯罪により生命等に危険が生じている者や自殺のおそれがある者等をいう。特異行方不明者については、警察において必要な手配等を行うなどの措置を執っている。

桶川女子大生殺人事件

さいたま地裁平成14年6月27日判決

> 根拠法条：刑法60条、199条、230条
> 参考文献：判タ1141号

ポ イ ン ト **執拗な嫌がらせの末の殺害（ストーカー対策の契機）**

事 案 概 要

　Qは、Aが経営する風俗店の店長として稼動していた。Aの弟Bは、交際していた女子大生Iから別れ話を持ち出され、交際を断わられた。その事情を知ったAは、Bらとともにー方に乗り込んで、家族から多額の金員を取得しようとしたが、失敗して逆恨みをした。Aは意趣返しのため、Qらを指揮して中傷ビラ多数をIの通学する大学周辺等に貼付・配布した。さらにIが大学をやめないことから嫌がらせの効果が出ていないとして、AはIの殺害を決意し、これを実行役に依頼して、Qらを協力させてIを殺害した。

　Qは殺人、名誉毀損等で起訴された。

判 決 要 旨 **有罪（懲役15年）　確定**

　Qは、共犯者が印刷会社に発注した中傷ビラ2,000枚を三つ折りにするなどして準備を整えた上、深夜、共犯者とともにIの通学する大学やその最寄りの駅及び自宅の周辺に貼付したり、頒布している。本件中傷ビラは女子大生であるI本人の名誉を著しく傷付ける、悪意に満ちた、Iはもとより家族にとっても耐え難い中傷、誹謗を内容とするものであって、1か月以上もの長期間、本件名誉毀損を含む数々の執拗な嫌がらせを受け、恐怖と不安におびえながら耐えてきたIやその家族が被った精神的苦痛は計り知れない。

　Qは、I殺害を依頼された実行役から協力を依頼され、逃走を手伝うという役割で犯行に加担し、犯行の前日には現場の下見に出向いてIの通学時間、通学の経路等を確認し、自宅付近より駅前の方が人ごみに紛れて逃走に便利

であるなどとして、実行役の逃走経路等を確認しているのであって、周到な準備に基づいた計画的な犯行である。Qは自ら手を下してはいないものの、逃走のために車の運転をするなどしており、本件犯行において重要な役割を果たしている。犯行後、Qは報酬として400万円をBから受領していた。

解説

　本件犯人は、被害者に対する中傷行為や殺害実行の協力役であったが、重要な役割を果たしていた。本件犯人は、風俗店オーナーで上司である首謀者に仕事や金銭面で世話になっていたことから、全く面識のない被害者やその家族が被るであろう精神的、肉体的苦痛を顧みることなく、指示されるまま次々と犯行を実行に移した。いわば、自己保身のために、他人の生命をも顧慮しない犯行を敢行したものといえる。

　本件は、女子大生である被害者が長期間にわたって名誉毀損を含む数々の執拗な嫌がらせを受けた上、通学途上、人通りの多い駅前で殺害された事件として、マスコミ等を通じて大々的に報道され、社会に大きな衝撃と不安を与えた。その後、いわゆるストーカー規制法の成立等、ストーカー犯罪対策を急速に進める契機となった事件である。

豆知識②　ストーカーの語源

　ストーカーとは、英語の stalking（執拗につきまとうこと）を語源としている。米国において、異性が相手方の意思に反して執念深くつきまとい殺人等の凶悪事件を引き起こすなどして社会問題となり、1990年代前半に各州でストーキング防止法が制定された。

3

教育大学附属小学校児童殺傷事件
大阪地裁平成15年8月28日判決

> 根拠法条：刑法39条、130条、199条、203条
> 参考文献：判時1837号

ポ イ ン ト 　児童多数に対する無差別殺傷事件の刑事責任

事 案 概 要

　Ｓは、大阪府内の教育大学附属小学校に侵入して多数の子どもたちを殺害しようと企て、平成13年6月8日午前10時過ぎ頃、出刃包丁1本及び文化包丁1本を隠し持ち、無施錠の専用門から敷地内に侵入した。そして、同校2年及び1年教室において、児童らに襲いかかり、出刃包丁で突き刺し、切り付けて、児童8名を殺害し、児童13名及び教諭2名を負傷させた。

　Ｓは、建造物侵入、殺人、殺人未遂、銃刀法違反等で起訴された。公判において、弁護人は、本件殺人当時、Ｓは心神喪失もしくは心神耗弱の状態にあったなどと主張した。

判 決 要 旨 　有罪（死刑）　確定

　Ｓ自身と無関係な不特定多数の子どもたちを殺害対象に選ぶに至ったＳの犯行動機ないし動機形成過程について検討するに、当時Ｓが妄想等の異常体験に支配されあるいはその影響によってそのような犯行動機を形成したものでないことは、両鑑定のみならず捜査公判段階を通じほぼ一貫したＳの供述によっても明らかである。

　Ｓは、その当時、そのプライドを支える唯一のよりどころともいうべき公務員の職を失い、強く望んでいた三番目の妻との復縁はもとより、同女から金銭を得ることすらかなわぬことが次第に明らかとなり、仕事も長続きせず、経済的にも社会的にも行き詰まりを感じ、嫌っていた父親にまで泣きついたがすげなくあしらわれ、何もかも自分の思惑どおりにならないなどと憤懣を

募らせ、そもそも公務員の職を失ったのも三番目の妻のせいであるなどと筋違いの怒りをたぎらせて同女の殺害を企図したが、確実に殺害できる自信がなかったために、その怒りの矛先をこれまで自分に不愉快な思いをさせ続けてきたとして社会一般に向け、以前から空想していた無差別大量殺人を実行して自分と同じ苦しみを多くの人に味わわせたいなどと考えるようになり、あれこれ殺害計画を考えた挙げ句、小学生であればたやすく大勢を殺害できるなどと思い至り、Ｓの目から見た社会の象徴ともいえるエリートの子弟が集い、自らもかつて入学を希望したが叶わなかった附属小学校の子どもたちに狙いを定めた。

解説

　本判決では、犯人の自己中心的で他人の痛みを顧みない著しく偏った人格傾向の発露であり、そこには精神疾患の影響はなく、犯人は刑事責任を問うのに十分な責任能力を備えていたと判示している。

　具体的な判断根拠としては、犯人の動機やその形成過程は、一般人から見れば理不尽で突飛としか考えようのないものであるが、犯人なりの独自の論理を前提とすれば、その人格の延長上にあるものと位置づけることができると解された。また、極端な人格の偏りのある情性欠如者たる犯人が、そのような動機から本件犯行を決意し実行したとしても、それが本来の人格から逸脱したまったく了解不可能なものとは認められない。結局のところ、本件凶行は、犯人の本来の人格の所産というべく、精神分裂病等の精神疾患がもたらしたものではないと解された。

豆知識③　神戸連続児童殺傷事件

　1997年に兵庫県神戸市内で発生した、当時14歳の中学生による小学生を対象とした連続殺傷事件。2名が殺害され、3名が傷害を負ったが、うち1名の遺体は損壊され、「声明文」とともに放置されていた。少年は逮捕され、少年審判を経て、医療少年院に送致された。

連続幼女誘拐殺人事件

最高裁平成18年1月17日判決

> 根拠法条：刑法39条、176条、190条、199条、224条、225条
> 参考文献：判タ1205号

ポ イ ン ト 　幼女を狙った残虐な連続的犯行

事 案 概 要

　Yは、以前から幼女の性器を見たり、触ったりしたいと考え、その機会を狙って自動車を乗り回していた。昭和63年8月、Yは、埼玉県内の団地内で、甲（当時4歳）を見かけ、「お嬢ちゃん、涼しいところに行かない」などと声を掛けて、車の助手席に誘い入れ、東京都内の山林まで連れ去り、山林内で甲の頸部を絞めて殺害した。約半年後、殺害現場に散乱していた甲の頭蓋骨等を拾って自宅に持ち帰り、棒で叩き割り裏庭で油をかけて焼いた。

　昭和63年10月、Yは、埼玉県内の路上で、乙（当時7歳）を見かけ、言葉巧みに声を掛けて車の助手席に誘い入れ、山林まで連れ去り、乙の頸部を絞めて殺害した。同年12月、Yは、埼玉県内の団地内で、丙（当時4歳）を見かけ、言葉巧みに声を掛けて車の助手席に誘い入れ、離れた駐車場まで連れ去り、丙の頸部を絞めて殺害し、遺体を山林に投棄した。

　平成元年6月、Yは、東京都内のアパート付近で、丁（当時5歳）を見かけ、言葉巧みに声を掛けて車の助手席に誘い入れ、付近の倉庫前まで連れ去り、丁の頸部を絞めて殺害し、その遺体を自分の部屋に運び入れ、遺体を切断した上、遺棄した。

　Yは、誘拐、殺人、死体損壊、死体遺棄などで起訴された。1審及び2審は、Yを死刑に処した。Yが上告した。

判 決 要 旨 　上告棄却

　Yは、犯行を重ねるほどに計画性を強めており、各殺人の主たる動機は、

女性性器を思うままに見たり、触るなどしたいという性的欲求や死体等を撮影して自分だけの珍しいビデオテープを持ちたいという収集欲に基づく誠に自己中心的かつ非道なもので、およそ酌量の余地がない。

　殺害の態様は、いずれも人を疑うことを知らない被害者を、巧妙に誘い掛けて自己の運転する自動車に乗せ、遠く離れた山中や人目に付かない場所まで連れ込んだ上、いきなり押し倒して、抵抗するすべもない幼い女児の首を力一杯絞め続けて絶命させるという甚だ冷酷かつ残忍なものである。

　殺害された被害者は合計4名に及び、生じた結果は極めて重大である。殺害後も死体にわいせつ行為を行って、これをビデオカメラで撮影したり、死体を切断して損壊し、あるいは山中に遺棄するなどの非情な行為に及び、あるいは被害者の家族へ遺骨や犯行声明文等を送り付けるなどしており、一連の凶悪な犯行が社会に与えた衝撃は甚大で、家族らの被害感情が非常に厳しいのも当然のことである。

解説

　本件は、昭和63年8月から平成元年7月にかけて、埼玉県内及び東京都内において、自己の性的欲求を満たすために、当時4歳から7歳のいたいけな女児5名を次々と誘拐し、うち4名の被害者をその日のうちに殺害した上、3名の死体を損壊あるいは遺棄し、残る1名の被害者にはわいせつな行為をしたという事案である。

　本件犯人は、捜査段階では各犯行をすべて自白していたが、1審公判段階で「ネズミ人間」が出てきて、後は分からなくなったなどと特異な供述をしたが、裁判所は完全責任能力を認め、本件各犯行についての刑事責任は極めて重大であるとして、犯人を死刑に処している。

豆知識④　　性的自由

　個人の法益には、「性」に対する自己決定を行う性的自由がある。刑法の強制わいせつ罪（176条）や強制性交等罪（177条）等は、人の性的自由を侵害する行為を処罰する規定である。

監禁によるPTSD

最高裁平成24年7月24日決定

> 根拠法条：刑法204条、221条
> 参考文献：判時2172号

ポイント　卑劣な暴行脅迫によって引き起こされたPTSD

事案概要

　Gは、電子メールで知り合ったA（当時17歳）とホテルに宿泊し性的な関係を持つなどしたが、Aが帰宅したいと言い出したことから、ホテル客室内でAの首を手で絞め付け、「殺してやろうか」と言うなど暴行や脅迫を加え、Aをして脱出困難な心理状態に陥らせ、その後も行動を監視し、帰ったら家族を殺すなどと言って脅迫して、不法に監禁し、その結果心的外傷後ストレス障害（PTSD）の傷害を負わせた。また、Gは、電子メールで知り合ったB（当時18歳）をホテルに呼び出し、客室内でその顔面や腹部を多数回殴りつけるなどの暴行を加え、Bをして脱出困難な心理状態に陥らせ、その後も行動を監視したり、Bの身体を多数回殴るなどの暴行や脅迫を加え、不法に監禁し、その結果PTSDの傷害を負わせた。

　Gは、イベント会場で知り合ったC（当時22歳）を自宅居室に誘い込んで「帰ったら殺す。親も兄弟も殺す」などと言って、Cをして脱出困難な心理状態に陥らせ、その後も行動を監視したり、Cに対して「今すぐ死ね」などと命じて、包丁で手首を切らせるなどの暴行や脅迫を加え、不法に監禁し、その結果PTSDの傷害を負わせた。さらに、Gは、イベント会場で知り合ったD（当時23歳）を自宅居室に誘い込んで「外に出るのを許さない」などと言って、Dをして脱出困難な心理状態に陥らせ、その後も行動を監視したり、Dの腹部を足蹴りにするなどの暴行や脅迫を加え、不法に監禁し、その結果PTSDの傷害を負わせた。

　Gは監禁致傷で起訴された。1審及び2審は、Gを有罪（懲役14年）とした。Gが上告した。

決定要旨　**上告棄却**

　Gは、本件各被害者を不法に監禁し、その結果、各被害者について、監禁行為やその手段等として加えられた暴行、脅迫により、一時的な精神的苦痛やストレスを感じたという程度にとどまらず、いわゆる再体験症状、回避・精神麻痺症状及び過覚醒症状といった医学的な診断基準において求められている特徴的な精神症状が継続して発現していることなどから、精神疾患の一種である心的外傷後ストレス障害（PTSD）の発症が認められた。

　所論は、PTSDのような精神的障害は刑法上の傷害の概念に含まれず、原判決が、各被害者についてPTSDの傷害を負わせたとして監禁致傷罪の成立を認めた1審判決を是認した点は、誤っている旨主張する。しかし、上記認定のような精神的機能の障害を惹起した場合も、刑法にいう傷害に当たると解する。したがって、本件各被害者に対する監禁致傷罪の成立を認めた原判断は正当である。

解説

　本件被害者らは、4日間から116日間にわたって監禁され、その間暴行や脅迫を受け、生活全般にわたり服従を強いられながら、いつ解放されるとも知れない絶望的な恐怖感を味わっており、その心身両面にわたる苦痛は甚大であった。

　各被害女性は、本件犯罪被害の後に深刻なPTSDを発症して、睡眠障害や感情の麻痺、再体験症状等に悩まされ、仕事が長続きしなかったり、引きこもりがちになったりして、家族や周囲の援助なしには自立した日常生活を営むことができない状態に陥っていた。

豆知識⑤　**PTSD**

　PTSDとは、Post Traumatic Stress Disorder（心的外傷後ストレス障害）の略語であり、強烈なショック体験や強い精神的ストレスが、心のダメージとなって一定時間が経過した後に、不安感、緊張感、めまい、頭痛、不眠などの症状が現れる病気をいう。

6 ストーカー行為の意義

最高裁平成17年11月25日決定

> 根拠法条：ストーカー規制法2条、18条
> 参考文献：判時1952号

ポ イ ン ト 　「つきまとい等を反復してすること」の意義

事 案 概 要

　Hは、同棲していた女性E（当時35歳）との間で別れ話が決定的になった後、Eに交際中の費用負担を求めるなどして電話やメールを繰り返し、着信拒否をされたため、その解除を求めた。Hは、Eに対する恋愛感情又はそれが満たされなかったことに対する怨恨の感情を充足する目的で、平成15年11月から12月までの間、4回にわたり、着信拒否の解除をしなければ何らかの行動を起こすような趣旨の手紙をEの郵便受けに投函し、そのうち1回はパソコンで印刷した多数の写真を同封し、その中に以前撮影したEの裸体の写真画像が多数含まれていた。

　Hは、ストーカー規制法違反で起訴された。起訴内容として、手紙の投函等は、同法2条1項3号の「面会、交際その他の義務のないことを行うことを要求すること」に該当し、写真の投函は、同法2条1項8号の「その性的羞恥心を害する写真、図画その他の物を送付し若しくはその知り得る状態に置くこと」に該当するとして、これらを反復してストーカー行為をしたとされた。これによると、Hは、3号該当行為は複数回行い、反復しているが、8号該当行為は1回しかしていないことになる。

　公判において、Hは、ストーカー規制法における「ストーカー行為」は同一類型の「つきまとい等」を反復した場合に成立すると解されるから、1回しかしていない8号該当行為はストーカー行為に当たらないなどと主張した。

　1審及び2審は、様々な嫌がらせを繰り返すストーカー行為の特質等を理由に、2条1項各号に定められた行為が全体として反復されたと認められれば、特定の行為が反復されていなくとも要件は満たされるとし、8号該当行為も含めてストーカー行為に該当すると判断して、Hを有罪（懲役3月・執行猶予3年）とした。Hは上告した。

決定要旨　**上告棄却**

> ストーカー規制法2条2項〔現3項〕の「ストーカー行為」とは、同法1項1号から8号までに掲げる「つきまとい等」のうち、いずれかの行為をすることを反復する行為をいい、特定の行為あるいは特定の号に掲げられた行為を反復する場合に限るものではないと解すべきであるから、これと同旨の原判断は相当である。

解説

　本件は、いわゆる「号またぎ」に関する初めての最高裁判断である。ストーカー規制法では、「ストーカー行為」を同一の者に対して「つきまとい等を反復してすることをいう」と定義している（2条3項）。そして、「つきまとい等」に該当する行為については、2条1項に1号から8号までそれぞれ行為類型が掲げられている。

　そこで、法の規定する「ストーカー行為」とは、2条1項各号の行為類型のうちで、同一類型を繰り返すことを要件とするのか（限定説）、あるいは別の類型を繰り返す（号をまたいで繰り返す）ことで足りるのか（非限定説）、議論されていた。

　最高裁は、本決定において、「ストーカー行為」とは、「つきまとい等」のいずれかの行為をすることを反復する行為をいうと判示して、非限定説に立つことを明らかにした。

短時間の見張り行為

東京高裁平成24年1月18日判決

> 根拠法条：刑法130条、ストーカー規制法2条、18条
> 参考文献：判時2199号

ポイント ストーカー行為の判断方法

事案概要

　Gは、同じ会社に勤務していたMと知り合い、一旦は結婚を前提として同棲したものの、やがてMから同棲を解消された後、一切の接触を断わられ、交際そのものを解消された。GはMに対する恋愛感情を断ち難く、翻意を求めて繰り返し電子メールを送ったり、M方付近をうろついたりした。

　Mが警察に相談して、Gはストーカー規制法による警告を受けた。その後、Gは数回にわたり、Mの居住する集合住宅の駐車場付近においてMが使用する自動車の存否を確認し（見張り行為）、M方玄関付近において様子をうかがった（見張り及び押し掛ける行為）。

　Gはストーカー規制法違反で起訴された。1審は、Gを有罪（懲役10月）とした。Gは控訴し、被害者の自動車の存否及び在宅有無の確認はごく短時間のうちに行ったもので、その動静を一定期間継続して監視していたわけでないから「見張り」には該当しない、などと主張した。

判決要旨 控訴棄却　上告の後に上告棄却

　一般に「見張り」とは、主に視覚等の感覚器官によって対象の動静を観察する行為をいう。本法所定の「見張り」にも、その性質上ある程度の継続的性質が伴う。しかしながら、この継続性は、一般的な「見張り」の概念に内在する性質であって、それに付加して必要とされる要件ではない。

　観察にどの程度の時間を要するかは観察する目的によって異なり、例えば、相手方の使用する自動車の有無や被害者の居室の照明等により相手方が在宅

しているかどうかを確認するような場合には、ごく短時間の観察で目的が達せられることも十分あり得る。そのような行為を、観察時間が短いことのみを理由に「見張り」に当たらないとして、本法の規制の対象から除外すべき理由はない。

　また、相手方の動静を観察することは、必ずしも 1 回に相当程度の時間継続して観察しなくとも、ごく短時間の観察を繰り返すことによっても可能であるから、そのように繰り返して観察する場合には、たとえその一環として行われる個々の観察行為自体は短時間であっても、個々の観察行為それぞれが継続的性質を有する「見張り」に当たる。

解　説

　本判決では、ストーカー規制法の規制行為の文言については法の目的や規制の趣旨に照らして解釈すべきであり、当該行為の時点で相手方がそれを認識していたかどうかを問わず、相手方に不安を覚えさせるようなものかどうかという観点から判断すべきものとしている。

　また、「押し掛ける」行為についても、現に面会を求め又は威力を用いてする場合に限定すべき理由はなく、相手方に自己の存在を知らせる態様のものに限られない、と判示した。

　なお、平成28年のストーカー規制法改正により、住居等の付近における侵害的な行為類型に、「見張り」「押し掛け」に加えて「みだりにうろつくこと」も加えられている。

豆知識⑥　　ストーカー規制法

　特定の者に対する恋愛感情その他の好意の感情、又はそれが満たされなかったことに対する怨恨の感情を充足する目的で行うストーカー行為（同一の者に反復してつきまとい行為等を行うこと）に罰則を設けるとともに、警察がストーカー行為を行う者に警告・禁止命令等の行政措置を講ずることを可能としている。

8 ストーカー規制法の目的要件

東京高裁平成28年8月3日判決

根拠法条：ストーカー規制法2条1項
参考文献：判タ1438号

ポ　イ　ン　ト　　「恋愛感情等を充足する目的」の明確性

事　案　概　要

　Tは、かつて交際し同棲していた女性Cに対する恋愛感情その他の好意の感情又はそれが満たされなかったことに対する怨恨の感情を充足する目的で、Cに対し、23回にわたり電子メールを送信し、その名誉を害する事項やその性的羞恥心を害する事項を告げるなどしたほか、Cの勤務先に、ファクシミリで文書を送信し、その名誉を害する事項をCの知り得る状態に置き、Cに対しつきまとい等を反復して行いストーカー行為をした。

　Tは、ストーカー規制法違反で起訴された。1審は、Tを有罪（懲役6月・執行猶予3年）とした。Tは控訴し、「恋愛感情等を充足する目的」という概念自体が曖昧であるなどと主張した。

判　決　要　旨　　控訴棄却（上告の後に上告棄却）

　所論は、①「好意の感情」などというものは、人間の内心の心理状態というそもそも曖昧な概念の中でも、とりわけその外縁を画することが困難な概念であって、このような概念を刑罰法規の要件に掲げる自体不適当である上、②同棲関係にあった男女がこれを解消し、「好意の感情」とは無関係の感情によって一方が他方に働きかけを行うことも想定されるのに、かつて同棲関係にあったこと自体で一定程度の「好意の感情」が存在していたことが推認されることから、一方の働きかけをよしとしない他方の訴えを受け、本来規制すべきでない行為までもが処罰対象とされるおそれがあるのであって、本件規定はあいまい不明確であり、規制範囲が過度に広範になるおそれがある

から違憲無効である、という。

　しかし、①については、そもそも、本件規定において、「好意の感情」を含む恋愛感情を充足する目的が要件とされたのは、つきまとい事案のほとんどが恋愛感情等に起因するものであるという実態を前提に、規制の範囲を最小限にするためである上、「恋愛感情その他の好意の感情又はそれが満たされなかったことに対する怨恨の感情」との概念は、「好意の感情」の部分を含め、通常の判断能力を有する一般人において、具体的場合にその行為が規制対象行為に該当するかどうかを判断することは十分可能である。

　また、②については、同棲関係にあった男女間の働きかけであっても、ストーカー規制法2条各号に規定された行為に該当しなければ、本件規定違反の罪は成立しないことはいうまでもない。また、これが肯定された場合にも、同棲関係にあったこと自体で直ちに「好意の感情」を充足するための働きかけであるとの推認が働くわけでもなく、両者の関係性に加え、働きかけの具体的な態様及び内容や働きかけに至る経緯等、種々の事情を総合的に考慮した上で判断することになるのであって、所論は失当である。

解|説

　本判決では、ストーカー規制法で定義された「好意の感情」の部分を含め、通常の判断能力を有する一般人において、具体的場合にその行為が規制対象行為に該当するかどうかを判断することは十分可能であるとして、その文言の明確性が肯定された。

GPS発信器と「見張り」

9

最高裁令和 2 年 7 月30日判決

> 根拠法条：ストーカー規制法 2 条 1 項 1 号
> 参考文献：裁判所 web

ポイント　位置情報取得行為と「見張り」該当性

事案概要

　Vは、当時妻であった被害者乙に対する恋愛感情等充足目的で、①乙使用自動車の駐車場付近で、同車に全地球測位システム機能付き電子機器（GPS機器）をひそかに取り付け、多数回にわたって同車の位置情報を探索取得することにより乙の動静を把握する方法で見張りをし、②乙が通常所在する場所である乙妹方付近にいた乙を、近接するアパートから約27分間にわたり注視して見張りをし、もってつきまとい等を反復して行った。

　Vは、ストーカー規制法違反で起訴された。本事案では、①のGPS機器による位置情報探索取得行為が「通常所在する場所」付近の「見張り」に該当するか否かという構成要件該当性の問題が争われた。

　1審は、電子機器等を使用して相手方に関する情報を取得することも動静観察行為に含まれるなどとして、①及び②の行為ともに違反行為と認め、Vを有罪（懲役 1 年）とした。

　2審は、①の電子機器による相手方の動静情報の収集は「見張り」の準備行為であっても実行行為ではないなどとして、犯罪行為には該当しないと判断し、②の「見張り」のみ成立を認め、原判決を破棄して有罪（懲役 8 月）とした。

　検察官が上告し、①の行為も「見張り」に該当すると主張した。

判決要旨　上告棄却

> 　ストーカー規制法 2 条 1 項 1 号は、好意の感情等を抱いている対象である特定の者又はその者と社会生活において密接な関係を有する者に対し、「住

居、勤務先、学校その他その通常所在する場所（住居等）の付近において見張り」をする行為について規定している。

　この規定内容及びその趣旨に照らすと、「住居等付近において見張り」をする行為に該当するためには、機器等を用いる場合であっても、「住居等」の付近という一定の場所において特定の者等の動静を観察する行為が行われることを要するものと解する。

　1審判決の認定によれば、Ｖは、妻が上記自動車を駐車するために賃借していた駐車場においてＧＰＳ機器を同車に取り付けたが、同車の位置情報の探索取得は同駐車場の付近において行われたものではないというのであり、また、同駐車場を離れて移動する同車の位置情報は同駐車場付近における妻の動静に関する情報とはいえず、Ｖの行為は上記の要件を満たさないから、「住居等付近において見張り」をする行為に該当しないとした原判決の結論は正当として是認することができる。

解説

　最高裁は、本判決において、「住居等の付近において見張り」をする行為に該当するためには、機器等を用いる場合であっても、「住居等」の付近という一定の場所において動静観察行為が行われることを要すると判断した。

　その上で、本事案の①の行為はストーカー規制法違反となる「見張り」行為には該当しないと判示している。

10 ＤＶ保護命令

静岡地裁平成14年7月19日決定

根拠法条：ＤＶ防止法10条
参考文献：判タ1109号

ポイント　ＰＴＳＤを理由とする保護命令

事案概要

　Ｗ（妻）は、Ｐ（夫）から21年間にわたって毎日5時間近く、「おまえは使うことだけできて、働けない無能な女だ」「物を買いすぎる。一日に1,000円でも使いすぎだ」などと非難され続けた。さらにＰは、手拳をＷの顔めがけて振り回し、顔面すれすれのところで止める行為（寸止め行為）を繰り返した。

　Ｗは、無力感や不眠などの症状が続き、心的外傷後ストレス障害（ＰＴＳＤ）を受けて、「症状の改善には安全な場所の確保が不可欠であり、家庭内で心理的虐待が続けば非常に危険」と診断された。なお、殴ったり蹴られたりといった肉体的損傷を伴う行為（直接的な身体的暴力）は、受けていない。

　Ｗは、配偶者相談支援センターの支援を求めて、Ｐから身を隠した。Ｐは、関係者に虚偽の事実を述べるなど執拗な方法で、Ｗの居所を探そうとした。

　Ｗは、ＤＶ防止法に基づく保護命令（接近禁止命令）の申立てを行った。

決定要旨　保護命令認容・確定

　Ｐは、本決定の送達を受けた日から起算して6か月間、Ｗの住居以外の場所においてＷの身辺につきまとい、又はＷの勤務先その他通常所在する場所の付近をはいかいしてはならない。

解説

　ＤＶ防止法の保護命令の要件となる「配偶者からの暴力」は、「配偶者からの身体に対する不法な攻撃であって生命又は身体に危害を及ぼすもの」と規定されている。

　ここでいう「暴力」とは、刑法上暴行罪や傷害罪に当たるような行為をいい、身体に対する不法な攻撃に当たらない性的暴力や精神的暴力は含まれない。ただし、精神的暴力であっても、刑法上の傷害罪に含まれるようなＰＴＳＤを受けた場合には、配偶者からの暴力に該当すると解されている。

豆知識⑦　　ＤＶ防止法の保護命令

　ＤＶ防止法では、被害者が更なる配偶者からの暴力によりその生命又は身体に重大な危害を受けるおそれが大きいときは、地方裁判所が、被害者の申立てにより、保護命令を行うことができる。保護命令には、大別して接近禁止命令（６月間、被害者につきまとい、又は住居等の付近をはいかいすることを禁止）と退去命令（２月間、被害者と共に生活の本拠としている住居から退去する）の２種類がある。

豆知識⑧　　付随的な保護命令

　保護命令のうち、接近禁止命令の実効性を確保するため、申立てに応じて、①電話等禁止命令（面会の要求や乱暴な言動、無言電話、電子メールの送信等を禁止する命令）、②同居している子への接近禁止命令、③社会生活において密接な関係を有する親族等への接近禁止命令、を発令することができる（ＤＶ防止法10条）。

ＤＶ接近禁止命令違反

甲府地裁平成16年3月2日判決

根拠法条：ＤＶ防止法10条、29条
参考文献：裁判所 web

ポイント　離婚した元夫による保護命令違反

事案概要

　Ｚは、平成15年11月、地方裁判所においてＤＶ防止法10条に基づき、6か月間、住居以外の場所において元妻Ｂの身辺につきまとい、又は住居以外のＢの勤務先その他その通常所在する場所の付近をはいかいしてはならない、との保護命令を受けていた。しかし、同年12月、Ｂが居住するＢの実父方付近をはいかいし、保護命令に違反した。

　Ｚは、ＤＶ防止法違反で起訴された。

判決要旨　有罪（懲役8月・執行猶予3年）

　Ｚは、離婚後、Ｂに「会って話をしたい」「食事に行こう」などと電話をしたりし、また子供との面会を求め、Ｂの母親と子供との面会の件でトラブルとなり、同女にＢとの会話を求めたがこれを拒否されたことから、Ｂが当時居住していたＢの実家に赴いて、玄関を叩き「開けろ。開けろ」などと叫んだ。

　Ｚの本件犯行は、元々はＺのＢに対する言われなき暴力に端を発したもので、裁判所の保護命令を全く無視するものであって、法律の趣旨を没却するものと言わざるを得ず、Ｚの刑事責任は重い。

解説

　本事件に至るまでの経緯としては、以下のとおりであった。本件犯人は、平成
9年2月、被害者と結婚し長女長男をもうけたが、長女誕生の頃から気に入らな
いことがあると被害者に暴力を振るうようになり、その暴力は年々激しくなった
ため、被害者は夫の暴力を警察に相談していた。その後、平成15年10月には離婚
話がもつれて被害者に傷害を負わせる事件が発生し、本件犯人は逮捕され、罰金
10万円に処せられた。

　その間、被害者はＤＶ防止法に基づき地方裁判所に保護を申請したところ、保
護命令が発せられた。その後離婚の話が進み、一旦は被害者が保護命令を取り下
げるとともに子供2人を引き取ることを約束して、離婚した。しかし、被害者は、
元夫の暴力を恐れて、保護命令を取り下げていなかった。

豆知識⑨　　ＤＶの意味

　ＤＶとは、Domestic Violence（ドメスティック・バイオレンス）の頭文字をとっ
た略語であり、家庭内における暴力、特に夫婦間など親密な相手からの暴力を指す。
これらの暴力は、外部からの発見や介入が困難であり、継続して行われることも多く、
重大な被害が生ずることがある。

別居中の父による幼児連れ去り

12

最高裁平成17年12月6日決定

> 根拠法条：刑法35条、224条、民法818条、820条
> 参考文献：判時1927号

ポイント 別居中の共同親権者による略取行為の違法性

事案概要

　Nは、Eとの間に長男甲が生まれたことから婚姻し、東京都内において3人で生活していた。平成13年9月、Eと口論した際、Nが暴力を振るうなどしたことから、Eは、甲を連れて青森県内の実家に身を寄せ、Nと別居して暮らしていた。

　Nは、甲と会うこともままならないことから、甲をEの下から奪うことを企てた。平成14年8月には、知人女性に甲の身内を装わせて保育園から甲を連れ出させ、ホテルを転々とするなどし、9日後に沖縄県下で未成年者略取罪により逮捕されたこともあった。

　Nは、平成14年11月22日午後3時45分頃、甲（当時2歳）を連れ去ることを企て、青森県内の保育園の南側歩道上において、祖母Fに連れられて帰宅しようとしていた甲を、Fのすきをついて抱きかかえて自動車に同乗させて発進し、甲を自己の支配下においた。Nは、同日午後10時20分頃、民家等のない林道上において、甲と共に車内にいるところを警察官に発見され、通常逮捕された。なお、NとEとは離婚係争中であったが、本件当時、甲に対するNの親権ないし監護権を制約するような法的処分は行われていなかった。

　Nは、未成年者略取で起訴された。1審及び2審は、Nを有罪（懲役1年・執行猶予4年）とした。Nが上告した。

決定要旨 上告棄却

> 　Nは、甲の共同親権者の一人であるEの実家においてE及びその両親に監護養育されて平穏に生活していた甲を、祖母のFに伴われて保育園から帰宅

する途中に前記のような態様で有形力を用いて連れ去り、保護されている環境から引き離して自分の事実的支配下に置いたのであるから、その行為が未成年者略取罪の構成要件に該当することは明らかであり、Nが親権者の一人であることは、その行為の違法性が例外的に阻却されるかどうかの判断において考慮されるべき事情であると解される。

本件において、Nは、離婚係争中の他方親権者であるEの下から甲を奪取して自分の手元に置こうとしたものであって、そのような行動に出ることにつき、甲の監護養育上それが現に必要とされるような特段の事情は認められないから、その行為は、親権者によるものであるとしても、正当なものということはできない。

また、本件の行為態様が粗暴で強引なものであること、甲が自分の生活環境についての判断・選択の能力が備わっていない2歳の幼児であること、その年齢上、常時監護養育が必要とされるのに、略取後の監護養育について確たる見通しがあったとも認め難いことなどに徴すると、家族間における行為として社会通念上許容され得る枠内にとどまるものと評することもできない。

解 説

本事案は、別居中の夫婦間で繰り広げられることのある、子の奪い合いの事例である。

最高裁は、本決定において、母親の監護下にある2歳児を有形力を用いて連れ去った行為について、その行為が別居中の共同親権者である父親により行われた場合、監護養育上それが現に必要とされるような特段の事情が認められず、行為態様が粗暴で強引なものであるなどの事情下では、違法性が阻却される事情は認められず、未成年者略取罪が成立すると判示した。

13 リベンジポルノ

横浜地裁平成27年6月12日判決

根拠法条：リベンジポルノ防止法2条1項、3条2項、刑法175条、222条
参考文献：裁判所 web

ポ イ ン ト　**嫌がらせのためのわいせつ画像公開**

事 案 概 要

　Rは、元交際相手であるI（当時19歳）の裸体等が撮影された画像データを保管していた。Rは、Iに自慰行為を見せるよう要求したところ、Iが断わったため立腹し、Iを脅迫しようと考えた。

　そこで、①Rは、自己のパソコンを操作して、Iの携帯電話に宛てて「しなかったので写真ばらまきます。後悔させてやる」などのメッセージを送信し、Iの名誉に危害を加える旨告知して、脅迫した。②Rは、自己のパソコンを用いてインターネットを利用し、Iの陰部を露骨に撮影したわいせつな画像1点をサーバコンピュータに送信して記憶・蔵置させ、閲覧可能な状態を設定し、わいせつな電磁的記録に係る記録媒体を公然と陳列した。

　さらに、③Rは、自己のパソコンを用いてインターネットを利用し、Iの顔を撮影した画像データ等とともに、Iの陰部を撮影した画像データ等10点をサーバコンピュータに送信して記憶・蔵置させ、閲覧可能な状態を設定し、第三者が撮影対象者を特定することができる方法で、私事性的画像記録物を公然と陳列した。④Rは、Iの裸体等が撮影された画像データを保管していることを利用し、さらに脅迫しようと考え、前後7回にわたり、Iの携帯電話に宛てて「マンションにビラまくかな〜」「パパの会社にするかな？」「殺してシマウマえに死んでくれ」などのメッセージを送信し、Iの生命、身体、名誉に危害を加える旨告知して、脅迫した。

　Rは、脅迫、わいせつ電磁的記録媒体陳列、リベンジポルノ防止法違反で起訴された。

判|決|要|旨　**有罪（懲役 2 年 6 月・執行猶予 4 年）**

　犯行の動機は、Rが自慰行為を見せるようIに要求して拒絶され、Rが立腹して各犯行に及んだというもので悪質ではあるが、その背景には元妻との間の離婚裁判上の書類作成の便宜についてIが言葉を濁した事情もあり、Rに同情の余地が全くないわけではない。他方で、各犯行は平成26年8月から平成27年2月に至るまで、断続的ではあるが長期にわたり敢行されており、本件によってIが被った精神的苦痛や人格の尊厳を害された程度は大きいものというべく、被害結果は重大である。

　当裁判所としては、Rの刑の執行を猶予するものの、上記のような動機に照らし、RがIの抱く恐怖心を容易に理解できないという認知のゆがみを有している点を重視して、認知のゆがみを解消するプログラムを受けさせ、今後の更生及び再犯防止に資することを専門機関に期待して、Rを保護観察に付する。

解|説

　近年、性的な画像等をその撮影対象者の同意なく、インターネットの掲示板等に公表する行為により、被害者が大きな精神的苦痛を受ける事例が散見されている。具体的には、元交際相手等が交際時に撮影した相手方のわいせつな写真や映像を不特定多数に向けて公開するといった嫌がらせ行為であり、リベンジポルノと呼ばれている。このような事態に対応するため、平成26年11月、リベンジポルノ防止法が制定された。

　本判決はリベンジポルノ防止法を適用し、被害者が被った精神的苦痛や人格の尊厳を害された程度は大きいと判断し、執行猶予（保護観察）を付した懲役刑が宣告された。

豆知識⑩　**私事性的画像記録**

　私事性的画像記録とは、人の裸体等のわいせつな姿態が撮影されたプライベートな電磁的記録である。なお、撮影対象者が、関係のない第三者が閲覧することを承諾していたもの（映画やビデオ等）は除かれる。

障害者施設での多数殺傷事件

横浜地裁令和2年3月16日判決

> 根拠法条：刑法39条、130条、199条、203条、220条、221条
> 参考文献：裁判所 web

ポイント　**特異な障害者への見解と責任能力**

事案概要

　Ｑは、平成24年12月頃、本件障害者施設で勤務を開始した。Ｑは、仕事中、利用者が奇声を発したり、自分勝手な行動をしたりすることや、施設利用者の家族が職員の悪口を言ったり、職員が利用者に暴力を振るうところを見たりして、重度障害者は不幸であり、不要な存在であると考えるようになった。Ｑは、平成28年2月、衆議院議長公邸を訪れ、公邸前で座り込むなどして、「私は障害者総勢470名を抹殺することができます。」などと記載した手紙を職員に手渡した。このような行動により、Ｑは措置入院となり、本件施設を退職した。

　Ｑは、ホームセンターでガムテープ、結束バンド、ハンマー等を購入し、自宅から5本の刃物を携帯して、車で本件施設付近を訪れた。Ｑは、平成28年7月26日午前1時43分頃、本件施設にハンマーで窓ガラスを割って侵入し、結束バンドで夜勤職員5名を拘束した。そして、施設利用者合計43名の被害者に対し柳刃包丁等で突き刺すなどして、19名を殺害し、24名には傷害を負わせた。Ｑは、一連の犯行後、警察署に出頭した。

　Ｑは、建造物侵入、殺人、殺人未遂、逮捕致傷、逮捕等で起訴された。公判において、弁護人は、本件犯行は、慢性の精神病を発症したＱが病的で異常な思考に陥った結果行ったもので、心神喪失状態であったなどと主張した。

判決要旨　**有罪（死刑）**

　Ｑが、意思疎通ができないと考える重度障害者は不幸であり、その家族や周囲も不幸にする不要な存在であるところ、自分が重度障害者を殺害するこ

とによって不幸が減り、重度障害者が不要であるという自分の考えに賛同が得られ、重度障害者を「安楽死」させる社会が実現し、重度障害者に使われていた金を他に使えるようになるなどして世界平和につながり、このような考えを示した自分は先駆者になることができるというのが犯行動機であったと認められる。

ところで、Qは、平成24年12月17日から措置入院となる平成28年2月19日までの間、本件施設で勤務しており、本件施設の利用者とその家族、職員の言動から、意思疎通ができない重度障害者が不幸を生む不要な存在であり、「安楽死」させるべきであると考えるに至った。このような考えは、到底是認できない内容とはいえ、それ自体はQ自身の実体験を踏まえた発想として了解可能である。

殺害対象について見ると、Qは、夜勤職員に会話ができる利用者かどうかを確認したり、自分で声を掛けたり、自分で見た部屋の様子や勤務体験等に基づき、Qが考える重度障害者を選別して殺害行為に及んでおり、犯行動機に沿って殺害対象を的確に選別している。

その一方で、Qは、犯行動機に沿った行動ばかりをとっていたわけではなく、重度障害者として殺害対象に選別した利用者についても、汚物が付くのが嫌だという理由で殺害対象から外すなど、犯行動機とは関係がない事情も考慮した上で合理的な対応をとることができている。

解説

本件は、犯人が、意思疎通ができないと考える障害者を多数殺害する目的で、障害者施設に侵入し、施設利用者43名を刃物で突き刺すなどし、うち19名を死亡させ、24名に傷害を負わせ、その際施設職員5名を拘束した事案である。

犯人の行った殺害行為の態様について見ると、当初、被害者らの胸部や背部を刺したが、凶器である包丁の先が欠けたり、自らも指を負傷したりといった予定外の事情が発生しても、狙う場所を被害者らの頸部に変更するなど、状況的確に認識しつつ目的に即した柔軟な対応ができていた。

本判決では、このような犯人の犯行状況等も踏まえ、完全責任能力を有していたことを認め、犯人を死刑に処した。

15 理不尽で陰湿な残虐行為
千葉地裁令和2年3月19日判決

> 根拠法条：刑法204条、205条、208条、223条
> 参考文献：裁判所 web

ポイント　自己の娘に対する虐待行為の常態化

事案概要

　Uは、Aと婚姻して長女Bが生まれたが、Bの出生後ほどなく、A及びBと別居し、平成23年にはAと離婚した。しかし、Uは、平成28年7月頃、Aからの連絡で再会し、約8年ぶりにBとも再会して3人で生活するようになり、平成29年2月にはAと再婚し、6月には次女Cが出生した。その後、Uらは、千葉県内のアパートに引っ越し、家族4人で生活するようになった。

　そのような中、Uは、Bに対して暴力を振るうなどの虐待行為に及ぶようになった。Bは、平成29年11月6日、当時通っていた小学校で行われた「いじめにかんするアンケート」において、「お父さんにぼう力を受けています。夜中に起こされたり、起きているときにけられたりたたかれたりされています。先生、どうにかできませんか。」などと記載した。この記載に気付いた担任教諭は、翌7日にBから聞き取りを行い、Bは児童相談所に一時保護された。

　これに対し、Uは、児童相談所職員に威圧的態度を取り、Bに暴力を受けたことはうそであった旨の書面を書かせるなどして、一時保護の解除条件をなし崩し的に反故にし、Bを自宅に連れ戻し、虐待が露見するのをおそれて小学校を休ませた。Uは、Bに対して継続的に虐待行為を繰り返し、Bは死亡した。

　Uは、傷害、傷害致死、暴行、強要で起訴された。

判決要旨　有罪（懲役16年）

　量刑の中心となる傷害致死罪の犯行態様について見るに、Uは、Bに食事を丸2日間与えないとともに、昼夜を問わずリビングや浴室に立たせ続ける

などして十分な睡眠を取らせなかったもので、食事や睡眠という人間が生きていくために最低限必要なものを奪うとともに、度々の失禁を余儀なくさせるなど、排せつ・衛生など人としての自律的な生活をも失わせていた。

　さらに、Uは、連日にわたり、厳冬期の冷え切った浴室で、濡れた肌着や下着のみを着た状態で立たせ続けたり、駆け足をさせたり、シャワーなどで冷水を多数回浴びせかけるなどしたほか、Bをうつ伏せにしてその背中に座りBの両足をつかんで反らせる暴行を加えるなど、Bの体力と気力を徹底的に奪いながら、ストレスを与え続け、衰弱させていった。

　Uは、児童相談所の一時保護やUの実父母方でBを預かったことをきっかけに中断することはあったものの、1年2か月余りもの長期間にわたり、断続的に虐待を繰り返していた挙句にBを死に至らしめている。

解説

　本件犯人は、自らの長女である被害児童に対する他者からの助けを排除し、徹底的な支配により、肉体的にも精神的にも追い詰め、死亡させている。

　被害児童は、殴るなどの直接的な暴行を受けていたほか、家族から疎外するような言動により精神的にも追い詰められていた。さらに、深夜に立たせ続けられ、トイレに行くことも許されず、人格を否定されるような徹底的な体罰やいじめを受け続けていた。

第2

少年・福祉犯事犯

光市母子殺害事件

16 最高裁平成24年2月20日判決

> 根拠法条：刑法177条、181条、199条、235条、少年法51条
> 参考文献：判時2167号

ポイント　犯行時少年に対する死刑判決

事案概要

　Hは、犯行時18歳の少年であった。Hは、アパートの一室において、主婦C（当時23歳）を強姦しようと背後から抱きつくなどの暴行を加えたが、激しく抵抗されたため、殺害した上で姦淫の目的を遂げようと決意し、その頸部を両手で強く絞め付けてCを窒息死させた上、強いて姦淫した（殺人、強姦致死）。

　Hは、Cの長女D（当時生後11か月）が激しく泣き続けたため、上記犯行が発覚することを恐れて殺害を決意し、床にたたき付けるなどした上、Dの首に所携のひもを巻いて絞め付け、窒息死させた（殺人）。さらに、Hは、現金等が在中するCの財布1個を窃取した（窃盗）。

　Hは殺人、強姦致死、窃盗で起訴された。1審及び2審は、Hを有罪（無期懲役）とした。検察官が上告したところ、最高裁は、無期懲役という量刑は不当であるなどとして、原判決を破棄して2審に差し戻した（最高裁平成18年6月20日判決）。差し戻された原審は、死刑の選択を回避するに足りる特に酌量すべき事情はないなどとして、死刑判決を言い渡した（広島高裁平成20年4月22日判決）。

　Hが上告した。

判決要旨　上告棄却

　各犯行は、Cを殺害して姦淫し、その犯行の発覚を免れるためにDをも殺害したのであって、各犯行の罪責は甚だ悪質であり、動機及び経緯に酌量すべき点は全く認められない。強姦及び殺人の強固な犯意の下で、何ら落ち度のないCらの尊厳を踏みにじり生命を奪い去った犯行は、冷酷、残虐にして

非人間的な所業であるといわざるを得ず、その結果も極めて重大である。H
はCらを殺害した後、Cらの死体を押し入れに隠すなどして犯行の発覚を遅
らせようとしたばかりか、Cの財布を盗み取って犯行に及ぶなど、殺人及び
姦淫後の情状も芳しくない。遺族の被害感情は、しゅん烈を極めている。

　Hは、原審公判において、本件各犯行の故意や殺害態様等について不合理
な弁解を述べており、真摯な反省の情をうかがうことはできない。平穏で幸
せな生活を送っていた家庭の母子が、白昼、自宅で惨殺された事件として、
社会に大きな衝撃を与えた点も軽視できない。

　Hが犯行時少年であったこと、Cらの殺害を当初から計画していたもので
はないこと、Hには前科がなく更生の可能性もないとはいえないこと、遺族
に対し謝罪文と窃盗被害の弁償金等を送付したことなどのHのために酌むべ
き事情を十分考慮しても、Hの刑事責任は余りにも重大であり、原判決の死
刑の科刑は、当裁判所も是認せざるを得ない。

解説

　光市母子殺害事件は、凶悪重大事件として広く報道され、社会的注目を集めた
事件である。最高裁は、本判決において、犯行時少年であった犯人に対して、原
判決の死刑の量刑を維持する判断を行った。

　なお、少年法51条1項は、少年の刑事事件の特則として、犯行時18歳未満の少
年について死刑をもって処断すべき場合に無期刑を科する、と定めている。

豆知識⑪　　永山事件

　1968年に当時19歳の永山則夫が、拳銃を使用して連続殺人事件を行った事件。警察
庁広域重要指定108号事件。4名の男性が被害に遭い死亡。最高裁昭和58年7月8日
により死刑が確定した（死刑判決に関する永山基準）。（判タ506号）

17 未成年者の強盗事件と親権者の責任

最高裁平成18年2月24日判決

根拠法条：民法709条
参考文献：判時1927号

ポイント　未成年者の不法行為に対する監督義務者の責任範囲

事案概要

　L（当時19歳の男）らは、テレホンクラブを利用して呼び出した男性から金品を強取することを企て、中学校の1年後輩であるK（当時19歳の男）に共同実行を持ちかけた。Kはこれを承諾し、J（当時19歳の男）も誘った。

　Jらは、共謀の上、平成13年8月22日午後11時頃、金品を強取する目的で、Lの交際相手（女）に、Aを海岸付近に誘い出させ、こん棒のようなもので殴打する暴行を加え、12万円余を強取した。Aは、本件により脳挫傷等の傷害を負って入院治療を余儀なくされ、右手指機能障害の後遺障害を負った。

　Aは、Jらの親権者Mらに対して、Mらは当時未成年であったJらに、保護観察の遵守事項を守らせ、守られない場合には少年院に再入院させるための手続等を執るべき監督義務があったのに、これらを怠ってJらを放任したために、本件傷害事件が発生したと主張し、不法行為に基づく損害賠償を請求した。

　原審は、Mらが親権者としての監督義務を怠ったということはできないなどと判断して、Aの請求を棄却した。Aが上告した。

　なお、Jらは、暴行、恐喝、傷害、窃盗、強盗致傷等の非行歴を有し、保護観察や少年院送致の処分を繰り返し受けていたところ、本件事件当時、少年院を仮退院して保護観察に付されていた。

判決要旨　上告棄却

　未成年者が責任能力を有する場合であっても、その監督義務者に監督義務違反があり、これと未成年者の不法行為によって生じた損害との間に相当因

果関係を認め得るときには、監督義務者は、民法709条に基づき損害賠償責任を負うものと解する。

　Jらは、暴行、恐喝、傷害、窃盗、強盗致傷等の非行歴を有し、保護観察や少年院送致の処分を繰り返し受けていたところ、本件事件当時、少年院を仮退院して保護観察に付され、一般遵守事項に加え、特別遵守事項が定められていたにもかかわらず、これらを守らないで、遊び歩いていたり、暴力団事務所に出入りするなどしていた。

　本件事件当時、Jらは、いずれも、間もなく成人に達する年齢にあり、既に幾つかの職歴を有し、Mらの下を離れて生活したこともあったというのであり、平成13年4月又は5月に少年院を仮退院した後のJらの行動から判断しても、Mらが親権者としてJらに対して及ぼし得る影響力は限定的なものとなっていた。Mらが、Jらに保護観察の遵守事項を確実に守らせることができる適切な手段を有していたとはいい難い。

　本件事件当時、Mらに本件事件に結びつく監督義務違反があったとはいえず、Aが被った損害について、Mらに民法709条に基づく損害賠償責任を認めることはできない。

解説

　本件は、義務教育を終え、監督義務者の養育監護の下を離れた19歳の年長少年らが強盗傷人事件を犯した事案である。このような場合、監督義務者が未成年者らに及ぼし得る影響力は限定的なものとなっており、監督義務違反が認められる場合も限定的にならざるを得ない。

　最高裁は、本判決において、このような観点を踏まえ、責任能力のある未成年者の不法行為に対する監督義務者の不法行為責任の限界について判断した。

豆知識⑫　国親思想（くにおや）

　親の適切な監護養育を受けられない子供に対して、国が親に代わって必要な保護を行うとする考え方（パレンス・パトリエ思想）。米国の少年裁判所の基礎となる思想であり、日本の少年法の根底にある理念である。

18 暴走族脱会者への制裁

宇都宮地裁栃木支部平成15年12月25日判決

根拠法条：刑法60条、205条、暴力行為等処罰法 1 条、少年法52条 1 項
参考文献：裁判所 web

ポ　イ　ン　ト　**暴走族によるリンチ事件**

事案概要

　Ｘは暴走族総長、Ｙ及びＺは同会の構成員である。甲（当時16歳）、乙（当時16歳）及び丙（当時16歳）が一旦入会する意思を示したのに、その後脱会を希望したことから、これに対する制裁を行うことにした。

　Ｘらは、深夜甲らを駅連絡通路構内に呼び出し、「辞めるときのしきたり分かってんだろう。ボコリと15万円だ」などと申し向け、金員の交付を要求した。Ｘらは、甲らを別の場所に連れて行き、甲らの顔面や腹部を手拳で殴打したり足蹴りしたりした。また、ヘルメットで頭部を殴打するなどした。その結果、甲が急性硬膜下血腫等の傷害により、死亡した。

　Ｘらは傷害致死、恐喝未遂、暴力行為等処罰法違反等で起訴された。

判決要旨　**有罪（Ｘ・Ｙは懲役 4 年以上 6 年以下、Ｚは懲役 3 年以上 5 年以下）**

　Ｘらは、所属する暴走族に一旦は入会の意思を示したもののその後間もなく考え直し、活動に全く参加することなく脱会を希望した甲らに対し、制裁を加えるため、本件犯行に及んだ。本件犯行の動機は、脱会希望者に対する制裁という暴走族特有の論理に基づく反社会的かつ身勝手なものであり、酌量の余地はない。

　Ｘらは、暴走族の集会に夜間甲らを呼び出し、甲らに対し暴走族からの脱会の意思を確認した上、制裁として各15万円を交付するように脅し付けた。さらに人気のない場所に甲らを移動させ、無抵抗の甲らに対し、一方的にヘ

ルメットを使用するなどして殴打したり足蹴りにするなどの激しい集団暴行を加えた。本件犯行の態様は、組織的であり、執拗かつ悪質である。

加えて、Xらは、犯行後意識を喪失した甲を直ちに救護することなく、かえって交通事故に遭遇したように仮装する隠蔽工作も図るなどしており、その犯情は悪質である。

解説

本件は、暴走族の総長及び構成員が共謀の上、同暴走族から脱会を希望した被害者らに対し、制裁を加えるため、金員を要求し、リンチまがいの暴行を加え、そのうち1名を死亡させた事案である。

特に、暴走族総長は、被害者らに制裁を加えるに当たって恐喝と暴行の双方を行うことや暴行の実行場所の選定、暴行担当者の選定などについて最終的な決断を下し、犯行後も隠蔽工作を細部にわたって指示するなど、主導的な役割を果たしていた。

また、同様な刑を言い渡された暴走族構成員は、死亡した被害者に対する暴行を中心的に行った者であり、時間をかけて執拗な暴行を加え、ヘルメットで頭部を殴打するなど相当激しい暴行を反復しており、被害者の死亡に重要な原因を与えたものと認められた。

豆知識⑬　少年法

非行少年に対する少年審判（少年の保護事件）の手続を定め、少年の刑事事件について特則を設ける法律。少年の保護処分には、①保護観察、②児童自立支援施設等への送致、③少年院送致がある。

広島市暴走族追放条例の合憲性

19

最高裁平成19年 9 月18日判決

根拠法条：憲法21条 1 項、31条、広島市暴走族追放条例
参考文献：判時1987号

ポイント　**暴走族の規制内容と明確性**

事案概要

　Nは、暴力団の準構成員であり、暴走族の後ろ盾となって事実上支配する「面倒見」と呼ばれる地位にあった。Nは、暴走族構成員約40名と共謀の上、広島市が管理する公共広場に、市長の許可を得ないで、「特攻服」を着用し、顔面の一部を覆い隠し、円陣を組み、旗を立てる等威勢を示して、公衆に不安又は恐怖を覚えさせるような集会を行った。

　これに対し、広島市長の権限を代行する市職員から、集会を中止して公共広場から退去するよう命令が出された。Nは、これに従わず、引き続き集会を継続して命令に違反した。

　Nは、広島市暴走族追放条例違反で起訴された。 1 審及び 2 審は、Nを有罪（懲役 4 月・執行猶予 3 年）とした。Nは上告し、広島市暴走族追放条例は憲法違反であるなどと主張した。

判決要旨　**上告棄却**

　本条例が規制の対象としている「暴走族」は、暴走行為を目的として結成された集団である本来的な意味における暴走族の外には、服装、旗、言動などにおいてこのような暴走族に類似し社会通念上これと同視することができる集団に限られるものと解され、市長において本条例による中止・退去命令を発し得る対象も、Nに適用されている「集会」との関係では、本来的な意味における暴走族及びその類似集団による集会が、本条例所定の場所及び態様で行われている場合に限定されると解する。

　このように限定的に解釈すれば、本条例による規制は、広島市内の公共の場所における暴走族による集会等が公衆の平穏を害してきたこと、規制に係る集会であっても、これを行うことを直ちに犯罪として処罰するのではなく、市長による中止命令等の対象とするにとどめ、この命令に違反した場合に初めて処罰すべきものとするという事後的かつ段階的規制によっていること等にかんがみると、その弊害を防止しようとする規制目的の正当性、弊害防止手段としての合理性、この規制により得られる利益と失われる利益との均衡の観点に照らし、いまだ憲法21条1項、31条に違反するとまではいえない。

解説

　広島市では、祭礼等のイベントや週末などに「特攻服」と呼ばれる服装をした多数の暴走族集団が市内の広場や公園等を占拠して、旗を立てて、円陣を組んで座り込み、大声を出すといった集会を繰り返し、社会問題化していたため、広島市暴走族追放条例が制定された。

　本条例では、公共の場所において、管理者の承諾や許可等を得ないで、公衆に不安又は恐怖を覚えさせるような集会等を行うことを規制している。そして、市長は、その行為が、特異な服装をし、顔面の一部等を覆い隠し、円陣を組み、又は旗を立てる等威勢を示すことにより行われたときは、中止又は退去を命ずることができ、命令違反者には罰則が科されていた。

　法令の規制の文言が不明確であって、どのような行為が規制対象であるか明確でない場合には、違憲無効と判断される（明確性の理論）。また、規制対象にならない行為まで過度に禁止している場合も、違憲無効と判断される。しかし、不明確や過度に広範規制のおそれがあっても、規制対象を合理的に解釈して限定的に規制できる場合には、憲法違反とはならない（合憲限定解釈）。

　最高裁は、本判決において、このような観点から、広島市暴走族追放条例について合憲性を肯定する判断を示した。

20 いじめによる致死事件
鹿児島地裁平成24年4月20日判決

> 根拠法条：刑法60条、205条、少年法52条1項
> 参考文献：裁判所 web

ポ イ ン ト　　**いじめ加担者の刑事責任**

事 案 概 要

　T（当時18歳）とA、B、C（当時20歳）の4人は、平成23年9月末頃から、行動を共にするようになった。4人の力関係は、A、T、B、Cの順であり、A主導の下に、Tらは、Cに対し使い走りをさせたり、二の腕をこぶしで殴ったりしていたほか、汚れた池に入らせたり、橋の欄干から川に突き落としたりして、いじめていた。

　Tら4人は、同年10月中旬の深夜、港に出向き魚釣りをしていたが、魚が釣れなかったため、これに飽きたAが、退屈しのぎにCをいじめて遊ぼうと考え、TとBに、その旨伝えた。Tらは、Cの服を脱がせて全裸にした上で、全員でその両手足をつかんで、身体を宙に浮かせて左右に揺さぶり、海中に転落させようとした。さらに、Cを岸壁に立たせて、AがCの腰付近を足蹴にして、海中に転落させた。この結果、Cは海中で溺死した。

　Tは、傷害致死で起訴された。

判 決 要 旨　　**有罪（懲役2年以上3年以下）**

　Tは、A及びBとともに、Cを日常的にいじめていた。本件犯行は、こうした「いじめ」の延長線上で行われたものであって、その動機は極めて身勝手なものである。また、全く無抵抗なCに対し、一方的に暴行を加えた卑劣な犯行でもある。

　本件犯行を主導し、実際にCを海に蹴り落としたのはAであること、T自身の関与は従属的である上、途中から積極的な関与を止めていることは、T

に有利な事情として考慮することができる。もっとも、Tも、自分が直接関与しないのであれば、AとBにおいてCを海に転落させることは構わないと考えていたこと、TはCに過呼吸の持病があることを知りながら、実際にCが海に転落してもCがおぼれていると気が付くまで、その様子を見て笑っていたことからすれば、Tが本件犯行の途中からは比較的消極的であったとしても、これを有利な事情として考慮するには限度がある。

解説

　本件は、日常的ないじめがエスカレートして致死事件に発展した事案である。本件少年は、当初の岸壁際で被害者の両手足を持ち、海に向かって揺さぶる行為に加わっていたが、その後、被害者がかわいそうでないかなどと首謀者に問い掛けていた。また、首謀者から被害者を海に落とすよう指示された際にも、落とすふりを繰り返したのみで、実際には海に落としはしなかった。しかし、共犯者らが被害者を海に落とすことについては、構わない、しょうがないとの意思を有していた。

　このため、本判決では、本件少年についても、共犯者との間に被害者を海に転落させることについての個別具体的な意思の疎通があったとして、傷害致死罪の共同正犯の刑事責任を負うと判断された。

豆知識⑭　いじめ

　児童等に対して、同級生など一定の人間関係にある他の児童等が行う心理的・物理的な行為（インターネット利用の場合も含む。）であって、対象児童が心身の苦痛を感じているものをいう。平成25年には、いじめの防止・早期発見・対処の対策を推進するため、いじめ防止対策推進法が定められている。

44

21 被害当時6歳少女の証言
札幌地裁平成17年6月2日判決

根拠法条：刑法176条
参考文献：判タ1210号

ポイント 年少者証言の信用性

事案概要

　本件当時幼稚園の園長をしていたQは、幼稚園を卒園したばかりのE（当時6歳の女児）を、母親の同意を得て、自宅に宿泊させることにした。その際、入浴の名目で、Eを健康センターに連れて行き、男子風呂で一緒に入浴した。

　その浴場内において、Qは、Eが13歳未満であることを知りながら、自己の陰茎を手で触らせた上、Eの陰部を手で触るなどして、わいせつな行為をした。Eは家に帰った後、母親に対してはびっくりすると思ったので何も言えなかった。

　しかし、夏の頃になって、Qから「今度またうちに来ないか、今度はおうちの風呂に入ろう」と言われた。EはQが怖かったので「行く」と言ったが、後から嫌だと母親に言い、Qにされたことを思い出して、母親に言った。

　Qは、強制わいせつで起訴された。公判において、Qは一緒に入浴したことは認めるものの、わいせつ行為については全面的に否認し、Eの供述内容は信用できない、母親や捜査官からの誘導等の可能性もある、などと主張した。

判決要旨 有罪（懲役2年・執行猶予5年）　確定

　Eの証言内容は極めて具体的である上に、迫真性に富んでおり、特に不自然な点は見当たらない。さらに、Eは風呂から出てQ方に行った後で「両足の裏を舐められた」「ほっぺたにちゅうされた」「布団の中で口移しに水を飲まされそうになった」などと、Qから更なる性的いたずらをされたという趣旨の証言をしている。その内容も極めて具体的かつ迫真性に富んでおり、現実にそのような体験をした者でなければとても話せないような内容であって、

勘違いあるいは記憶違いなどとは考えられず、またE自身がそのような話を作り上げるとか、母親や捜査官がそのような被害事実をねつ造してEに吹き込むなどということはおよそ考え難いことであって、上記の証言内容が、極めて高い信用性を有していることは明らかである。

　Eが、いかに非公開の場とはいえ、わずか7歳の身で証言台に座らされ（父親の付き添いと遮蔽措置という証人保護の措置を講じた上ではあるが、Qも在廷しており、そのことはEも当然認識していた。）、検察官や弁護人から思い出したくもないような嫌な体験についてあれこれと聞かれながらも、一生懸命に記憶を辿り、自分が現に体験した事実をありのままに答えようとしていたことは、その証言態度や証言内容等からもありありと見て取れる。

解説

　本件では、被害女児の母親は、以前から本件犯人が優れた教育者であり娘のことも熱心に指導教育してくれているとして、強い尊敬と崇拝の念を抱いており、感謝と尊敬の気持ちを表す手紙を送るなどしていた。その後、母親自身が本件犯人から身体を触られるなどの出来事があったことから気持ちの変化が生じ、娘から本件被害を告白されたことを契機として、不信と怒りの念を露にするようになり、告訴状を提出した。

　本件犯人は教育者の立場にありながら、被害女児及び母親が絶大な信頼を寄せていたのを奇貨として、当初からわいせつ行為目的で男子風呂で一緒に入浴するよう、仕向けたものである。しかしながら、公判において、男子風呂で背中を洗ったり膝の上に全裸の女児を乗せて座らせたりしたのは、スキンシップと教育的配慮などと言い張るなどしていた。

22 14歳のホステス

東京家裁八王子支部平成14年12月25日判決

根拠法条：児童福祉法34条1項5号、60条2項
参考文献：家月55巻6号

ポイント　**児童を酒席に侍する行為**

事案概要

　F有限会社は風俗営業を営む会社であり、Kはその代表取締役として業務全般を掌理していた。Kは、その従業員らと共に、ホステスとして雇い入れたV（当時14歳）をして、前後22日間にわたり客を相手に接待させ、満15歳に満たない児童に酒席に侍する行為を、業務として行わせた。

　K及びF社は、児童福祉法違反等で起訴された。

判決要旨　**有罪（Kは懲役1年・執行猶予3年、F社は罰金30万円）**

　Kらの所為が、被害児童の社会性の未熟さにつけ込んだ悪質な犯罪であることは論を待たず、青少年の健全育成という児童福祉法の趣旨に鑑みれば、店の利益を上げるためという自己中心的な犯罪動機に酌量の余地はない。店の収益が落ち込んで従業員に対する給料の支払に窮していたなどという事情が、本件犯行を正当化するものではない。一般予防の見地からみても、本件は同種事案の再発を招来しかねない悪質な事案である。

　個別にみても、Kは、本件当時F社の代表取締役として本件犯行の中心的役割を果たしていたほか、F社の設立にも関わったなど、本件児童福祉法違反のいわば主犯格であり、その責任は重い。

解|説

　本件は、犯行当時14歳の義務教育年限の被害児童を、前後22日間にわたりホステスとして酒の席で働かせたという、児童福祉法違反の事案である。

　なお、本件では、犯人について風営法違反の無許可営業行為（公安委員会から風俗営業の許可を受けないで、設備を設けて客の接待をして客に飲食させる営業を営んだこと）についても起訴されていた。本件当時、家庭裁判所には風営法違反の管轄権はないが、本件児童福祉法違反との関係が観念的競合関係（刑法54条1項）にあれば管轄が認められた（少年法37条2項〔現　削除〕）。検察官はこのように判断して、風営法違反についても併せて起訴を行った。

　しかし、本判決では、風営法違反である無許可営業行為と、児童福祉法違反の禁止行為それぞれについて、行為者の動態を自然的観察の下でみた場合、無許可営業行為が継続的な行為形態であるのに対し、禁止行為は「業務性」が要件とされているとはいえ、無許可営業行為の途中における一時的な現象にすぎず、相互に統一的な関連性を有するといった関係にはないと判断し、社会的見解上異なる別個の行為であるとして、観念的競合の関係にはないとした。このため、「管轄違い」という判決を下している。

　なお、現在では少年の福祉を害する成人の刑事事件は、全て地方裁判所に移管されている（平成20年の少年法改正）。

豆知識⑮　**要保護少年**

　要保護少年とは、児童虐待を受けた児童、保護者のない少年その他の児童福祉法による福祉のための措置等が必要と認められる少年（非行少年を除く。）をいう。警察では、要保護少年に関して児童相談所への通告（児童福祉法25条）、一時保護のための助言、学校等関係機関への連絡など必要な措置を執ることにしている。

---

23 児童に淫行をさせる行為

最高裁平成28年6月21日決定

> 根拠法条：児童福祉法34条1項6号、60条1項
> 参考文献：判タ1452号

| ポ | イ | ン | ト | 淫行の助長促進行為

| 事 | 案 | 概 | 要 |

　高校の常勤講師L（当時28歳）は、同校生徒の被害児童D（当時16歳）に対し、2度にわたり自己を相手に性交をさせた。

　Lは、児童福祉法違反で起訴された。1審及び2審は、Lを有罪（懲役1年6月・執行猶予3年）とした。Lは上告し、LはDと交際していたから「淫行」に当たらないなどと主張した。

| 決 | 定 | 要 | 旨 | **上告棄却**

　児童福祉法34条1項6号にいう「淫行」とは、同法の趣旨に照らし、児童の心身の健全な育成を阻害するおそれのあると認められる性交又はこれに準ずる性交類似行為をいうと解するのが相当であり、児童を単に自己の性的欲望を満足させるための対象として扱っているとしか認められないような者を相手とする性交又はこれに準ずる性交類似行為は、同号にいう「淫行」に含まれる。

　そして、同号にいう「させる行為」とは、直接たると間接たるとを問わず児童に対して事実上の影響力を及ぼして児童が淫行をなすことを助長し促進する行為をいうが、そのような行為に当たるか否かは、行為者と児童の関係、助長・促進行為の内容及び児童の意思決定に対する影響の程度、淫行の内容及び淫行に至る動機・経緯、児童の年齢、その他当該児童の置かれていた具体的状況を総合考慮して判断するのが相当である。

　これを本件についてみると、原判決が是認する1審判決が認定する事実に

よれば、第1及び第2の各性交は、被害児童D（当時16歳）を単に自己の性的欲望を満足させるための対象として扱っているとしか認められないような者を相手とする性交であり、Dが通う高等学校の常勤講師であるLは、校内の場所を利用するなどしてDとの性的接触を開始し、ほどなくDと共にホテルに入室して性交に及んでいることが認められる。

　このような事実関係の下では、Lは、単にDの淫行の相手方となったにとどまらず、Dに対して事実上の影響力を及ぼしてDが淫行をなすことを助長し促進する行為をしたと認められる。したがって、Lの行為は、同号にいう「児童に淫行をさせる行為」に当たり、同号違反の罪の成立を認めた原判断は、結論において正当である。

解説

　児童福祉法において、「淫行をさせる行為」を規制している趣旨は、軽はずみな性行動が児童の心身に重大な害悪を及ぼし得ることや、未熟な児童には性行動に係る適切な判断力が備わっていないことから、児童の心身の健全育成を保護するため、児童の同意や自発的意思の有無を問うことなく、「淫行をさせる行為」をした者を重く処罰しようとするものであると解されている。

　最高裁は、本決定において、児童福祉法で規制している「淫行をさせる行為」の意義を明らかにして、その判断方法について判示している。

特別養子縁組のあっせん行為

千葉地裁平成29年7月13日判決

> 根拠法条：児童福祉法34条1項8号、60条2項
> 参考文献：裁判所 web

ポイント　**マッチングシステムを悪用した特別養子縁組あっせん行為**

事案概要

　G及びPは、一般社団法人Iの理事として、そのウェブサイトを利用して特別養子縁組を希望する養親及び実親を募っていた。Gらは、共謀の上、正当な職業紹介の機関ではないのに、営利を目的として、養親となることを希望する甲と、自己が出産予定の子を養子とすることを希望する乙との間で、特別養子縁組をあっせんしようと企てた。

　Gは、平成28年4月11日、甲からあっせん料総額225万円のうち100万円の振込みを受けた。同日、Pは、乙から、特別養子縁組のあっせんを依頼するとの委任状の交付を受けた。その後、Gは、携帯電話やスマートフォンを利用して、甲に対して乙の出産予定の子を紹介し、甲の承諾を得て、乙に対しても甲を紹介した。そして、Pは、甲との間で特別養子縁組あっせん契約を締結するとともに、現金125万円の交付を受けた。さらに、6月19日、助産院において、Gが、甲に対し、乙が出産した子を引き渡した。

　Gらは、正当な職業紹介の機関ではないのに、営利を目的として児童の養育をあっせんする行為をしたとして、児童福祉法違反で起訴された。

判決要旨　**有罪（G及びPは、共に懲役1年6月・執行猶予3年、罰金50万円）**

　Gらは、インターネット上にマッチングシステムを作成して特別養子縁組あっせん事業を手広く行えば利益につながると目論み、行政担当者から指導を受け、養子縁組あっせん行為を営利目的によって行うことが禁止されてい

ること、業として行う場合には社会福祉事業として良質なサービスを提供しなければならないことなどを十分知悉していたにもかかわらず、ウェブサイトを立ち上げ、募集に応じた養親の希望者の中から、養親としての適格性ではなく、自分たちへの支払いを確保する都合上その年収の額を、トラブルを回避する都合上おとなしそうな人柄を重視して養親希望者を選別し、実親からは専属的にあっせんを委任する旨の委任状を徴取して養子となるべき子の確保を図るなどして、マッチングの効率性を第一とする一方で、社会福祉士等の配置など必要な人的・物的体制を整えず、養親希望者や実親に対して行われるべき諸々の専門的な調査や相談支援を実施していないのに、実費と称して金額の根拠や使途の明らかでない総額225万円もの金員を養親希望者から徴収したのである。

　このようなあっせん行為からは、Gらにおいてもっぱら自分たちの利得を目的として行い、児童の福祉に対する配慮など一顧だにしていなかったことが明らかで、児童福祉法の理念や規定に真っ向から反し、養子縁組あっせんを希望する養親希望者や実親を食い物にした誠に身勝手で悪質な行為というほかない。

解説

　児童福祉法は、成人及び児童のための正当な職業紹介の機関以外の者が、営利を目的として、児童の養育をあっせんする行為を禁じ（34条1項8号）、これに違反した者は懲役刑等に処せられる（60条2項）。この規定の趣旨は、営利を目的としてあっせんすることを許すと、人身売買的風潮を助長し、児童の人権を無視することになりやすいからである。

　本件は、営利目的による特別養子縁組あっせん事業の初の検挙事案であり、犯人らはインターネットを利用したビジネスとして展開しようとしたものである。

　犯人らは、特別養子縁組あっせん事業を発案し、隠れみののために福祉事業を行う一般社団法人を設立して代表理事に就任するなどして、行政機関への対応や提出書類の作成、ウェブサイト作成、養親希望者との間での契約書の作成を行うなどしていた。

25 児童買春の周旋
東京高裁平成15年5月19日判決

> 根拠法条：児童ポルノ法5条、売春防止法10条、児童福祉法34条1項6号
> 参考文献：判時1883号

ポイント 被周旋者の年齢の知情性

事案概要

　Tは、客の求めに応じて売春婦をホテル等に派遣する形態で営業していた売春クラブの従業員をしていた。Tは、売春クラブ関係者と共謀して、O（当時17歳）との間に、不特定の男客を相手に対償を受けて性交させ、その対償をOと分配取得する旨を約束した（売春契約罪）。さらに、Tは、Oが18歳に満たない児童であることを知りながら、前後5回にわたり3名の遊客に対償を供与させた上、性交類似行為又は性交をさせた（売春周旋罪、児童淫行罪）。

　Tは売春防止法違反、児童福祉法違反、児童ポルノ法違反で起訴された。1審（家裁）は、売春契約罪については管轄違いとしたものの、それ以外の罪の成立を認めて、Tを有罪（懲役1年2月・罰金50万円）とした。検察官及びTが控訴した。

判決要旨 原判決破棄・有罪（懲役1年2月）　確定

　児童買春周旋罪が成立するためには、周旋行為がなされた時点で、被周旋者において被害児童が18歳未満の者であることを認識している必要がある、と解する。すなわち、児童買春周旋罪は、児童買春をしようとする者とその相手方となる児童の双方からの依頼又は承諾に基づき、両者の間に立って児童買春が行われるように仲介する行為をすることによって、成立する。このような行為は、児童買春を助長し拡大するものであることに照らし、懲役刑と罰金刑を併科して、厳しく処罰することとした。

　このような児童買春の周旋の意義や児童買春周旋罪の趣旨に照らすと、同

罪は、被周旋者において児童買春をするとの認識を有していること、すなわち、当該児童が18歳未満の者であるとの認識をも有していることを前提にしている、と解される。実質的に考えても、被周旋者に児童買春をするとの認識がある場合と、被周旋者が児童の年齢についての認識を欠く結果児童買春をするとの認識を有していない場合とでは、児童買春の規制という観点からは悪質性に差異がある。

解説

　本判決では、売春契約罪（売春防止法10条1項）と児童淫行罪（児童福祉法34条1項6号）との関係について、牽連犯の関係にあると判断した。それは、児童との間で売春をさせる契約をした場合には、当該児童に売春（淫行）させることが契約内容として予定されているため、当該児童に売春（淫行）させることは契約の結果とみられるから、罪質上手段結果の関係にあると解されるためである。

　次に、児童買春周旋罪については、被周旋者である遊客においても、その年齢を知って児童であることの認識が必要である、と解している。この場合でも、周旋者において児童であることの知情性が認められれば、児童淫行罪や売春周旋罪で処罰することが可能であるとしている。

豆知識⑯　ぐ犯少年

　ぐ犯少年とは、保護者の正当な監督に服しない性癖があるなど、その性格又は環境に照らして、将来、罪を犯し、又は刑罰法令に触れる行為をするおそれがあると認められる少年をいう（少年法3条1項3号）。ぐ犯少年は、家庭裁判所の審判の対象となる。

26 監視機能付き自販機
最高裁平成21年3月9日判決

> 根拠法条：憲法21条1項、22条1項、31条、福島県青少年健全育成条例
> 参考文献：判タ1313号

ポ イ ン ト 　有害図書販売規制の合憲性

事 案 概 要

　Sは、ビデオテープ等の販売を目的とする会社を経営しており、DVD等の自動販売機を設置したが、条例所定の届出を行わず、有害図書類のDVDを販売目的で収納した。本件機器は無人小屋に設置されていたが、小屋には扉もなく自由に出入りでき、外壁には看板が掲示されていた。小屋内にはセンサーがあり、客を感知すると監視カメラが作動し、客の画像が東京都内にある監視センターに設置されたモニターに送信される。監視センターには24台のモニターがあり、5名から10名の監視員が交替で、全国約300か所に設置された同様の無人小屋の監視に当たっていた。

　監視員の遵守すべきマニュアル等によれば、監視員はモニター上の客の容ぼう等を見て、明らかに18歳以上の者と判断すれば販売機の電源を入れて販売可能な状態に置き、年齢に疑問がある場合には運転免許証などの身分証明書を呈示するよう音声を流し、呈示された証明書の画像を確認することとされていた。しかし、監視センターのモニター画面では、必ずしも客の容ぼう等を正確に判定できるとはいえない状態にあった。

　Sは、福島県青少年健全育成条例違反で起訴された。1審及び2審は、Sを有罪とした。Sは上告し、本件機器は対面販売の実質を有しているので自動販売機に該当しない、などと主張した。

判|決|要|旨　**上告棄却**

　本件のような監視機能を備えた販売機であっても、その監視及び販売の態勢等からすれば、監視のための機器の操作者において外部の目にさらされていないために、18歳未満の者に販売しないという動機付けが働きにくいといった問題があるなど、青少年に有害図書類が販売されないことが担保されているとはいえない。以上の点からすれば、本件機器を含めて自動販売機に、有害図書類を収納することを禁止する必要性が高い。

　その結果、青少年以外の者に対する関係においても有害図書類の流通を幾分制約することにはなるが、それらの者に対しては書店等における販売等が自由にできることからすれば、有害図書類の「自動販売機」への収納を禁止し、その違反に対し刑罰を科すことは、青少年の健全な育成を阻害する有害な環境を浄化するための必要やむを得ないものであって、憲法21条1項、22条1項、31条に違反するものではない。

解|説

　有害図書類については、一般に思慮分別の未熟な青少年の性に関する価値観に悪い影響を及ぼすなどして、青少年の健全育成に有害であることは社会共通の認識であり、これを青少年に販売することには弊害があると考えられる。

　とりわけ、自動販売機による有害図書類の販売は、売手と対面しないため心理的に購入が容易であること、昼夜を問わず販売が行われて購入が可能となること、どこにでも容易に設置でき、周囲の人目に付かない場所に設置されることによって心理的規制が働きにくくなることなどから、書店等の対面販売よりも、その弊害が大きいとみられる。

　最高裁は、本判決において、本件機器は対面販売の実質を有しているとはいえず、本件機器では客と対面する方法によらずに販売を行うことができる設備を有する以上、「自動販売機」に該当すると判示している。

条例による罰則不適用の意義

27

東京高裁平成28年6月22日決定

> 根拠法条：少年法24条、33条1項、千葉県青少年健全育成条例
> 参考文献：判タ1442号

ポイント　罰則不適用の規定と保護処分の可否

事案概要

　千葉県青少年健全育成条例において、「青少年」とは「小学校就学の始期から18歳に達するまでの者」と定義されている（6条1項）。

　J（当時17歳）は、深夜、ほかの4名の男子少年と被害女性E（18歳未満）を取り囲み、いわゆる野球拳を行った後、順次性的行為をさせられて心身ともに疲弊状態にあったEに対し、性行為に及んだ。Jは、当初、集団強姦罪で逮捕勾留された。その後、Jは家庭裁判所に送致され、Eと単に自己の性的欲望を満足させるための対象として扱っているとしか認められない性行為をしたとの非行事実により、第1種少年院送致の決定（保護処分）を受けた。

　Jは抗告し、千葉県青少年健全育成条例において「この条例に違反した者が青少年であるときは、この条例の罰則は、青少年に対しては適用しない。」と定めており、行為者が青少年である場合には、本条例の定める違法行為については構成要件該当性が欠け、違法性も阻却されるなどと主張した。

決定要旨　抗告棄却（確定）

　本条例は、青少年に対し、単に自己の性的欲望を満足させるための対象として扱っているとしか認められない性行為又はわいせつな行為をすることを禁止し（本条例20条）、「この条例に違反した者が青少年であるときは、この条例の罰則は、青少年に対しては適用しない。」と定めている（本条例30条本文）。所論は、少年は当時17歳であったから、本条例違反を非行事実として認定して保護処分を付すことは、本条例30条本文の解釈を誤ったものであ

るという。

　この点について、原決定は、本条例20条は、青少年の性が欲望の対象とされやすいという社会的背景を前提に、性行為やわいせつな行為が未成熟な青少年に与える影響の大きさに鑑み、このような行為から青少年を保護するために定められたものであるところ、このような目的は、行為者が青少年であるか否かで異なるものではないこと、本条例20条1項が「何人も」と規定しているのはその趣旨の表れと考えられること、本条例30条本文の規定は、行為者が青少年である場合に、構成要件該当性や違法性を阻却する規定ではなく処罰を免除する規定であり、少年法が定める保護処分は、少年の保護、教育を目的とするもので、処罰ではないから、保護処分に付すことは可能であることなどを説示した上、Jに対し、本条例20条1項を適用して非行事実を認定し、Jを保護処分に付した。

　原決定の判断は概ね相当であり、当裁判所も是認する。

解 説

　本事案では、条例が禁止する青少年に対するみだらな性行為等を行った主体が「青少年」である場合、その旨を非行事実とする保護処分が可能かどうかについて争われた。

　本決定は、本条例の趣旨及び文理解釈の観点等から、青少年についても、条例が定める青少年への淫行を非行事実とする保護処分が可能であるとの判断を示した。

豆知識⑰　　青少年保護育成条例

　青少年保護育成条例は、青少年の健全育成と環境整備を目的に制定されている。規制内容は、有害図書類の指定、青少年に対する淫行・わいせつ行為の禁止、深夜外出の規制などである。

児童ポルノ製造と淫行罪
最高裁平成21年10月21日決定

28

根拠法条：刑法45条、児童福祉法34条1項6号、児童ポルノ法7条4項
参考文献：判時2082号

ポ イ ン ト　**社会見解上の別個の罪**

事 案 概 要

　Rは、中学校の教員であった。Rは、前後20回にわたり、勤務中学校に生徒として在籍していた被害児童（当時14歳から15歳）が、満18歳に満たないことを知りながら、Rを相手に性交させ又は性交類似行為をさせ、児童に淫行をさせる行為をした。さらに、そのうち13回において、児童をして性交等にかかる姿態をとらせ、デジタルビデオカメラで撮影して、それら姿態を視覚により認識することができる電磁的記録媒体であるデジタルビデオカセットに描写し、児童ポルノを製造した。

　Rは児童福祉法違反、児童ポルノ法違反で起訴された。1審及び2審は、Rを有罪とした。Rが上告した。

決 定 要 旨　**上告棄却**

　児童福祉法34条1項6号違反の罪は、児童に淫行をさせる行為をしたことを構成要件とするものであり、児童ポルノ法7条3項〔現　7条4項〕の罪は児童に同法2条3項各号のいずれかに掲げる姿態をとらせ、これを写真、電磁的記録に係る記録媒体その他の物に描写することにより、当該児童に係る児童ポルノを製造したことを構成要件とする。

　本件のように被害児童に性交又は性交類似行為をさせて撮影することをもって児童ポルノを製造した場合においては、Rの児童福祉法34条1項6号に触れる行為と児童ポルノ法7条3項〔現　7条4項〕に触れる行為とは一部重なる点はあるものの、両行為が通常伴う関係にあるとはいえないことや両行

為の性質等に鑑みると、それぞれにおける行為者の動態は社会的見解上別個のものといえるから、両罪は刑法54条1項前段の観念的競合の関係にはなく、同法45条前段の併合罪の関係にある。

解|説

　児童ポルノ製造罪と児童に対する淫行罪など他の性犯罪（強制性交等罪、強制わいせつ罪、児童買春罪等）との関係について、従来から観念的競合説と併合罪説に分かれて議論されてきた。児童ポルノ製造罪では「姿態をとらせ」が要件とされていることから、性交等をさせることをもって姿態をとらせながら撮影して児童ポルノを製造する場合、その行為が重なるため、「1個の行為」であるとして観念的競合と解釈される余地があったためである。

　最高裁は、本決定において、児童ポルノ製造罪と児童福祉法の児童に淫行をさせる罪について、その行為について一部重なる点はあるものの、両行為が通常伴う関係にあるとはいえないことや両行為の性質等に鑑み、行為者の動態は社会的見解上別個のものといえるから、観念的競合の関係ではなく、併合罪の関係にあると判示した。

豆知識⑱　　**児童ポルノの単純所持罪**

　平成27年7月から、自己の性的好奇心を満たす目的で、児童ポルノを所持した者（自己の意思に基づいて所持するに至った場合）について罰則（1年以下の懲役又は100万円以下の罰金）が適用されている。児童ポルノに係る電磁的記録を保管した者も、同様の罰則が適用される。児童ポルノの所持罪は、インターネットの発達により児童ポルノ関連の犯罪被害に遭う児童が増え続けていることや、国際社会からの強い要請があったことなどから導入された。

29

盗撮映像と児童ポルノ製造
最高裁令和元年11月12日決定

> 根拠法条：児童ポルノ法2条3項、7条2項、5項、7項
> 参考文献：判時2441号

ポ イ ン ト　**盗撮映像の二次的製造行為**

事 案 概 要

　Fは、平成28年4月9日、兵庫県内の温泉施設において、入浴中の氏名不詳の女児5名がいずれも18歳に満たない児童であることを知りながら、ひそかに女児らの全裸の姿態を遠方の森林内から望遠レンズを取り付けたビデオカメラで動画撮影し、その電磁的記録である動画データをビデオカメラの記録媒体等に記録した。

　Fは、5月1日、自宅において、前記動画データを記録媒体等からパーソナルコンピュータを介して外付けハードディスクに記録して保存し、もってひそかに衣服の全部を着けない児童の姿態であって、殊更に児童の性的な部位が露出され又は強調されているものであり、かつ、性欲を興奮させ又は刺激するものを視覚により認識することができる方法により、電磁的記録に係る記録媒体に描写した児童ポルノを製造した。

　また、Fは、不特定多数人に有償頒布する目的で、平成30年2月20日、前記画像データ2点の電磁的記録及び女児の性器を露骨に撮影した画像データ4点の電磁的記録に係る児童ポルノを内容とする記録媒体（外付けハードディスク）1台を所持した。

　Fは、児童ポルノ法違反（児童ポルノ製造罪等）で起訴された。弁護人は、自宅における外付けハードディスクへの保存については「ひそかに」児童の姿態を「描写」したとはいえないから、児童ポルノ製造罪は成立しないなどと主張した。

　1審は、Fの行為について、児童ポルノ製造罪（児童ポルノ法7条5項）、児童ポルノ電磁的記録頒布目的保管（児童ポルノ法7条7項）、わいせつ電磁的記録有償頒布目的保管（刑法175条2項）が成立するとして、Fを有罪（懲役2年・執行猶予4年）とした。

　2審は、ひそかに児童ポルノ法で規制する児童の姿態を電磁的記録に係る記録媒体に描写した（温泉施設での盗撮行為）者が、当該電磁的記録を別の記録媒体に保存させて（外付けハードディスクへの保存行為）、児童ポルノを製造する行為は児童ポルノ製造罪に該当すると判断した。一方で、検察官は「わいせつ電磁的記録有償頒布目的保管」の罪では処罰を求めていないのに、1審がその罪の成立を認定したのは誤りであるとして、原判決を破棄した上で、Fを有罪（懲役2年・執行猶予4年・保護観察付）とした。Fが上告した。

決定要旨　**上告棄却**

　ひそかに児童ポルノ法2条3項各号のいずれかに掲げる児童の姿態を電磁的記録に係る記録媒体に記録した者が、当該電磁的記録を別の記録媒体に記録させて児童ポルノを製造する行為は、7条5項の児童ポルノ製造罪に当たると解するのが相当である。これと同旨の原判断は正当として是認できる。

解説

　最高裁は、本決定において、盗撮をして児童ポルノ法で規制する児童ポルノの電磁的記録を作成した者が、その電磁的記録を別の記録媒体に複写するなどして二次的製造行為に及んだ場合は、「ひそかに児童の姿態を描写することにより児童ポルノを製造した」と法的に評価できると判断し、児童ポルノ製造罪の成立を認めている。

ＣＧによる児童ポルノ

30

最高裁令和 2 年 1 月27日決定

> 根拠法条：児童ポルノ法 2 条 3 項、7 条 5 項
> 参考文献：裁判所 web

ポイント　実在児童の写真を素材としたＣＧ画像

事案概要

　Ｖは、平成20年 8 月頃、不特定多数の者に提供する目的で、児童の姿態が撮影された写真の画像データを素材としてコンピュータグラフィックス（ＣＧ）を作成し、そのＣＧ集である「ｘ 1 」を完成し、インターネット上で販売した。これを見たサイト利用者から、他のモデル画像の要望が多数寄せられた。その要望に応じて、Ｖは、平成21年11月頃、「ｘ 1 」と同様のＣＧ集「ｘ 2 」を完成し、インターネット上で販売した。

　ＣＧ集「ｘ 1 」及び「ｘ 2 」の素材写真となる写真が撮影されたのは、昭和57年ないし59年頃であり、ＣＧ集の画像は、その当時児童であった女性の裸体をＣＧにより児童ポルノとして製造されたものであった。

　Ｖは、児童ポルノ法違反（児童ポルノ製造及び提供の罪）で起訴された。起訴された画像は合計34点のＣＧ画像（「ｘ 1 」に含まれるＣＧ画像18点、「ｘ 2 」に含まれるＣＧ画像16点）であった。

　1 審は、起訴されたＣＧ画像34点のうち、「ｘ 2 」に含まれるＣＧ画像 3 点について児童ポルノに該当すると認め、Ｖに児童ポルノ製造及び提供の罪が成立するとして、有罪（懲役 1 年・執行猶予 3 年、罰金30万円）とした。

　2 審は、1 審判決の判断を概ね是認した上で、1 審判決を破棄して「ｘ 1 」の提供行為については無罪を言い渡し、Ｖを有罪（罰金30万円）とした。Ｖは上告した。

決定要旨　**上告棄却**

　児童ポルノ法 2 条 1 項は、「児童」とは18歳に満たない者をいうとしているところ、 2 条 3 項にいう「児童ポルノ」とは、写真、電磁的記録に係る記録媒体その他の物であって、同項各号のいずれかに掲げる実在する児童の姿態を視覚により認識することができる方法により描写したものをいい、実在しない児童の姿態を描写したものは含まれないものと解すべきである。

　所論は、児童ポルノ法 7 条 5 項の児童ポルノ製造罪が成立するためには、児童ポルノの製造時において、当該児童ポルノに描写されている人物が18歳未満の実在の者であることを要する旨をいう。

　しかしながら、同項の児童ポルノ製造罪が成立するためには、 7 条 4 項に掲げる行為の目的で、 2 条 3 項各号のいずれかに掲げる児童の姿態を視覚により認識することができる方法により描写した物を製造すれば足り、当該物に描写されている人物がその製造時点において18歳未満であることを要しない。所論は理由がない。

解説

　児童ポルノ法 2 条 3 項に定める児童ポルノであるためには、視覚により認識することができる方法で描写されたものが、実在する児童の性的な姿態であれば足りると解される。

　児童ポルノ製造行為は、児童の心身に有害な影響を与えるものとして処罰対象とされており、実在する児童の性的な姿態を記録化すること自体が性的搾取であって、他人の目にさらされることにより更に性的搾取が生じる。それゆえ、描写された児童本人が、たとえ18歳以上になったとしても、引き続き保護の対象となると考えられる。

　最高裁は、本決定において、このような観点を踏まえ、児童の性的な姿態を写した写真を基に作成されたＣＧ画像が児童ポルノに該当すると判示した。

第 3

風俗・わいせつ事犯

31 アダルトビデオへの出演者派遣

東京地裁平成6年3月7日判決

根拠法条：労働者派遣法58条
参考文献：判時1530号

ポイント　労働者派遣法にいう「公衆道徳上有害な業務」

事案概要

　Pは芸能プロダクションを経営する有限会社取締役であり、Qはチーフマネジャーであった。Pらはスカウトマンらと共謀し、アダルトビデオ映画製作会社に対し、出演女優が男優を相手に性戯をさせることを知りながら、会社の雇用した女性3名を、アダルトビデオ映画の女優として派遣した。

　P及びQは、労働者派遣法違反で起訴された。公判において、弁護人は、本件アダルトビデオ映画は日本ビデオ倫理協会の審査を経た上、18歳未満の者への販売等を禁止するとの制限を付けて書店等で販売されるもので、作品内容についても鑑賞者が不快感を抱くものは除外されるなどされており、このようなアダルトビデオへの出演は「公衆道徳上有害な業務」に該当しない、などと主張した。

判決要旨　有罪（Pは懲役2年、Qは懲役2年・執行猶予3年）　上訴の後に確定

　労働者派遣法58条にいう「公衆道徳上有害な業務」に該当するかどうかは、派遣労働者の従事する業務内容自体から判断すべきであって、派遣労働者の従事する業務から作り出された結果（本件においては製作発表されたビデオ映画）によって判断すべきではない。

　本件における派遣労働者の従事する業務内容についてみると、派遣労働者である女優は、アダルトビデオ映画の出演女優として、あてがわれた男優を相手に被写体として性交あるいは口淫等の性戯の場面を露骨に演じ、その場面が撮影されるのを業務内容とするものである。右のような業務は、社会共

同生活において守られるべき性道徳を著しく害するものというべきであり、派遣労働者一般の福祉を害することになるから、右業務が「公衆道徳上有害な業務」に当たることに疑いの余地はない。

　労働者派遣法58条の規定は、労働者一般を保護することを目的とするものであるから、右業務に就くことについて個々の派遣労働者の希望ないし承諾があったとしても、犯罪の成否に何ら影響がない。

解説

　労働者派遣法は、派遣労働者の就業条件の整備等を図ることなどにより、派遣労働者の福祉の増進に資することを目的の一つとしており、労働者保護立法の性格を有する。そのため、職業安定法63条で処罰対象として規制している行為のうち、有害業務に就かせる目的で労働者を派遣する行為については、労働者派遣法においても規制対象としている。

　本件芸能プロダクションにおいては、スカウトマンが街頭で声を掛けるなどして若い女性を雇用した上、アダルトビデオ映画製作会社に次々と派遣する行為を繰り返してきていた。本判決においても、このように若い女性を有害業務に就かせて継続的に不法な利益を稼いでいたと考えられ、極めて悪質であると判示されている。

　なお、雇用労働者をストリップショーに踊り子として派遣した事案において、労働者派遣法58条違反とした判例もある。

豆知識⑲　不法就労助長罪

　不法就労助長罪は、事業活動に関し外国人に不法就労活動をさせた者、外国人に不法就労活動をさせるために自己の支配下に置いた者、業として外国人に不法就労活動をさせる行為等をあっせんした者に適用され、3年以下の懲役又は300万円以下の罰金等の処罰が定められている（出入国管理法73条の2第1項）。

68

32 有害職業への職業紹介

京都地裁令和元年5月29日判決

> 根拠法条：職業安定法63条2号
> 参考文献：裁判所 web

ポ イ ン ト　**組織的な性風俗店へのあっせん行為**

事 案 概 要

　Ｚらは、共謀の上、平成29年3月2日頃、滋賀県内の店舗型性風俗特殊営業店Ｂにおいて、同店経営者に対し、同店が女性従業員に不特定の男性客を相手に手淫、口淫等の性交類似行為をさせる店であることを知りながら、従業員として就業させる目的で、甲（当時24歳）を女性従業員として紹介して雇用させた。

　Ｚらは、共謀の上、平成29年7月9日頃、滋賀県内の店舗型性風俗特殊営業店Ｃにおいて、同店の採用担当者に対し、性交類似行為をさせる店であることを知りながら、従業員として就業させる目的で、乙（当時18歳）を女性従業員として紹介して雇用させた。

　Ｚらは、共謀の上、平成30年1月23日頃、京都市内の店舗型性風俗特殊営業店Ｄにおいて、同店の人事担当者に対し、性交類似行為をさせる店であることを知りながら、従業員として就業させる目的で、丙（当時20歳）を女性従業員として紹介して雇用させた。

　Ｚらは、共謀の上、平成30年3月20日頃、前記の店舗型性風俗特殊営業店Ｄにおいて、同店の人事担当者に対し、従業員として就業させる目的で、丁（当時19歳）を女性従業員として紹介して雇用させた。

　Ｚは、いずれも公衆道徳上有害な業務に就かせる目的で職業紹介を行ったとして、職業安定法違反で起訴された。

判 決 要 旨　**有罪（懲役3年・執行猶予4年）**

　Ｚらは、各種マニュアル等を整え、指示役、女性のスカウト役、性風俗店

側への紹介役や仲介役等の役割分担のもと、 1 年余りの間に 4 回にわたり、スカウト役が街頭で女性に声をかけ、性風俗等の仕事に興味を示した女性については性風俗店に紹介し、これに興味を示さない女性については、その後もスカウト役が繰り返し連絡を取り、一緒に食事をするなどして好意を抱かせて Z ら運営の飲食店に誘い込み、スカウト役と交際するためには売上に貢献する必要がある旨言ったり、高額の飲食をさせたりした上で、稼げる店があるなどとして半ば強引に勧誘して性風俗店での就労を決意させており、巧妙な手口による組織的かつ職業的な犯行であって、公衆道徳上の有害性も顕著である。

解 説

　本件は、首謀者らが、公衆道徳上有害な業務に就かせる目的で、女性 4 名を性風俗店の人事担当者等に女性従業員として紹介して雇用させたという事案である。

　首謀者は、飲食店の幹部あるいは経営者として、マニュアル等を作成・改訂し、共犯者に指示を与えたほか、一部の犯行では紹介役を担当するなどの中心的な役割を果たし、相応の利益を得ている。紹介料欲しさという利欲的な動機に基づく犯行で、本件の犯情は相当に悪く、首謀者の刑事責任は重いと判断された。

豆知識⑳　　**無店舗型性風俗特殊営業**

　住居や宿泊施設において、異性の客の性的好奇心に応じて接触する役務を提供する営業で、役務を行う者を派遣する形態（デリバリーヘルス）及び電話等で客の依頼を受けてアダルトグッズの通信販売を行う形態の営業をいう（風営法 2 条 7 項）。

33 パチンコ業者の出店阻止
最高裁平成19年3月20日判決

> 根拠法条：民法709条、風営法3条1項、4条2項2号
> 参考文献：判時1968号

ポ　イ　ン　ト　　**社会福祉目的と営業の自由**

事　案　概　要

　パチンコ営業は風俗営業であり、風営法等の定める公安委員会の許可を受ける必要がある。しかし、営業予定地の周囲100メートルの区域内に児童遊園がある場合には、営業の許可を受けることができない。

　甲は、北海道内において16店の遊技場を経営する株式会社である。甲は、稚内市内でパチンコ店の出店を計画し、出店予定地について所有者との間で土地売買契約（代金2億7,000万円）を締結した。

　Mは、稚内市内においてパチンコ店を経営していた事業者であり、以前に別のパチンコ業者が進出を計画した際、その進出阻止のため予定地を購入していた。Mは、購入していた土地が甲の出店予定地から100メートルの区域内にあることを知り、福祉事業を営む社会福祉法人Nに対して土地の寄附を申し入れた。Mは当該土地上に児童遊園を建設し、児童福祉施設としてNに対し寄附することにした。N側はこれを承諾し、児童遊園の設置経営を定款の事業目的に追加し、知事に児童遊園設置の認可を申請し、その認可を得た。

　甲はパチンコ店の事業計画をまとめ、公安委員会に対しパチンコ店営業許可を申請した。しかし、公安委員会は、本件パチンコ店敷地の周囲100メートル区域内に児童遊園の認可があったため、不許可処分を行った。

　甲は、M及びNらに対し、パチンコ店の出店を妨害したなどとして、10億円余りの損害賠償を請求した。1審は、甲の主張を全面的に認めた。2審は、本件寄附には違法性がないなどとして甲の請求を棄却した。甲が上告した。

判|決|要|旨　**原判決破棄・差戻し**

　甲が本件売買契約を締結した後、それを知ったMらは風営法による規制を利用して、甲が本件土地上でのパチンコ店の営業について風営法の許可を受けることができないようにする意図の下に本件寄附を申し入れ、Nの承諾を得てこれを実行し、Nが本件児童遊園の設置認可を受けた結果、甲は本件パチンコ店の営業について風営法3条1項の許可を受けることができなかった。

　本件寄附は、甲の事業計画が本件売買契約の締結により実行段階に入った時点で行われた。風営法4条2項2号の規制は、都道府県の条例で定める地域内において良好な風俗環境を保全しようとする趣旨で設けられたものである。Mらは、その趣旨とは関係のない自らの営業利益確保のために上記規制を利用し、競業者である甲が本件パチンコ店を開業することを妨害した。本件寄附は、許される自由競争の範囲を逸脱し、甲の営業の自由を侵害するものとして違法性を有し、不法行為を構成する。

　本件寄附に違法性がないことを理由としてMらに対する請求を棄却すべきものとした原審の判断には、判決に影響を及ぼすことが明らかな法令の違反がある。

解|説

　従来からパチンコ業界では、業者が風営法の規制を利用して競業事業者の出店を阻止するため、出店予定地の近くに医療施設や社会福祉施設を建設して、出店を妨害する事例が散見されている。

　本件においても、地元パチンコ業者が児童福祉施設の一つである児童遊園を建設し寄附を行っており、それ自体は社会福祉等の公益に役立つものであるが、競業事業者の出店阻止という点からすると、自己の利益を確保するために行った妨害行為であり、経済的な自由競争の範囲を逸脱し、営業の自由を侵害するものと判断された。

内部犯行と営業停止処分

34

広島高裁松江支部平成21年3月13日判決

> 根拠法条：風営法9条1項、20条10項、26条1項
> 参考文献：判タ1315号

ポイント 風俗営業店従業員の犯行関与の程度

事案概要

　Xは、公安委員会（Y）から風俗営業の許可を受けて、本件パチンコ店を経営していた。甲は同店の元店長であり、乙及び丙は従業員であった。甲、乙、丙は共謀して、同店にあるパチンコ遊技機の主基板を取り外し、異なる主基板と交換し、公安委員会の承認を得ないで遊技機の変更を行った（本件違反行為）。これにより、Yは、Xに対し2か月間の営業停止処分を行った。

　Xは、本件違反行為は「当該営業に関し」行われたものではないなどとして、営業停止処分の取消を求めた。1審は、Xの主張を認め、Yの営業停止処分を取り消した。Yが控訴した。

判決要旨 　控訴棄却　確定

　本件違反行為は、いずれも本件パチンコ店の元店長甲が、本件パチンコ店の遊技機の主基板を裏ロムが内蔵された主基板に取り替えて、複数の打ち子と称する者をして不正改造された遊技機で遊技させ、不正に出玉させて利得することを企て、本件パチンコ店のカードキーを所持・保管している乙及び一般従業員丙を内部協力者として誘い入れ、乙がカードキーを使用して施錠する日などを見計らい、氏名不詳の者数名とともに営業時間外の本件パチンコ店に侵入し、複数回にわたって遊技機の主基板を裏ロムに交換したというものである。

　本件違反行為は、甲を主犯とするグループによる不正出玉行為の一環であって、Xの従業員である乙及び丙の関与の程度は軽微であるとは言えないもの

の、社会通念に照らし、全体として見た場合、もはや代理人等による法令違反行為であると評価できない。

　よって、本件違反行為は、Xの「代理人等が」「当該営業に関し」法令に違反したものとは認められないから、風営法25条に基づく指示処分、風営法26条1項に基づく営業許可取消処分及び営業停止処分をすることはできない。

解説

　本件は、パチンコ遊技機の主基板を不正改造した裏ロムが内蔵された主基板に取り替え、大量の出玉が可能になるように変更した事案であり、遊技機の不正改造事案としても悪質な事案であった。また、その不正改造には、元店長や現在の従業員が関与していたため、公安委員会では、「代理人等が」「当該営業に関し」行ったものと評価して、営業停止処分を下した。

　本判決では、本件違反行為は現在の従業員ではない者を主犯とするグループによる不正出玉行為の一環であって、現在の従業員らの関与の程度は軽微であるとは言えないものの、社会通念に照らし、全体として見た場合に、もはや代理人等による法令違反行為であると評価できない、と判断した。

豆知識㉑　遊技場

　遊技場とは、風俗営業のうちで、パチンコ・マージャン等とゲームセンター等を指す（風営法2条1項）。いずれも客に射幸心をそそるおそれのある設備等で遊技をさせるため、営業に際しての人的基準、場所の基準、構造設備の基準が定められている。

パチスロ店でのゴト行為

35

最高裁平成21年6月29日決定

根拠法条：刑法60条、235条
参考文献：判時2071号

ポイント　ゴト行為の共犯者が取得したもの

事案概要

　SとVらは、共謀の上、パチスロ店に侵入して、針金を使用してパチスロ遊技機（回胴式遊技機）からメダルを窃取しようとした。Vが所携の針金をパチスロ遊技機に差し込んで、誤動作させるなどの方法（ゴト行為）により、メダルを取得した。Sは、Vのゴト行為を店の防犯カメラや店員による監視から隠ぺいするため、隣りのパチスロ台において通常の方法により遊戯し、メダルを取得した。Sは、自ら取得したメダルとVがゴト行為により取得したメダルを併せて換金し、分配する予定であった。

　Sらの犯行発覚時点において、Vの座っていたパチスロ台下皿には72枚のメダルが入っており、これは全てVがゴト行為により取得した。他方、Sの座っていたドル箱には414枚のメダルが入っており、これはSが通常の遊技方法により取得したメダルと、Vがゴト行為により取得したメダルが混在したものであった。

　Sは窃盗罪で起訴された。原判決は、Sの遊技方法も本件犯行の一部となっているものと評することができ、被害店舗においてそのメダル取得を容認していないなどとして、Sの取得メダルも本件窃盗の被害品であるとして、合計486枚全部のメダルについて窃盗罪が成立する、と判示した。Sが上告した。

決定要旨　上告棄却

　　Vがゴト行為により取得したメダルについて窃盗罪が成立し、Sもその共同正犯であったということはできるものの、Sが自ら取得したメダルについては被害店舗が容認している通常の遊戯方法により取得したものであるから、

窃盗罪が成立するとはいえない。

　Sが通常の遊戯方法により取得したメダルとVがゴト行為により取得したメダルとが混在したドル箱内のメダル414枚全体について窃盗罪が成立するとした原判決は、窃盗罪における占有侵害に関する法令の解釈適用を誤り、ひいては事実を誤認したものであり、本件において窃盗罪が成立する範囲は下皿内のメダル72枚のほか、ドル箱内のメダル414枚の一部にとどまる。

　もっとも、SがVによるメダルの窃盗について共同正犯としての責任を負うことは前記のとおりであり、関係証拠によればドル箱内のメダル414枚のうちの相当数もVが窃取したものであったと認められること及び原判決の認定判示したその余の量刑事情に照らすと、本件については刑訴法411条を適用すべきものとは認められない。

解｜説

　パチスロ機からのメダルの不正取得に関連して、単独犯による体感器使用の場合についての最高裁判例がある。この判例では、体感器を身体に装着して不正取得の機会をうかがいながらパチスロ機で遊戯することは、通常の遊技方法の範囲を逸脱するもので、パチスロ機設置店舗はそのような態様の遊戯を許容していないとして、当該パチスロ機で取得したメダルについては、体感器の操作の結果取得されたものであるか否かを問わず、窃盗罪の成立を認めている。

　最高裁は、本決定において、ゴト行為という不正によるメダル取得目的があっても、その共犯者の通常の遊戯方法によるメダル取得には窃盗罪は成立しない、と判示した。

豆知識㉒　体感器

　パチンコやパチスロなどの遊技台攻略に用いられる特殊な器具をいう。パチンコ台やパチスロ台は、一定周期で大当たりなどが出るようになっているため、そのタイミングを振動等により打ち手に伝える仕組みとなっている。ほとんどの遊技場で体感器は使用禁止となっており、体感器を用いて遊技することは不正行為となる。

36 パチスロ店での賭博行為

東京高裁平成21年10月20日判決

> 根拠法条：刑法186条1項、組織的犯罪処罰法2条、13条、16条
> 参考文献：判タ1351号

ポイント　**パチスロ利用のゲーム機賭博**

事案概要

　Lは、回胴式遊技機（パチスロ機）28台が設置されたビルの一室において、賭博場を開店した。当初はL単独で営業していたが、次第に従業員を雇い合計14名が業務に従事するなど、警察に摘発されるまでの間、継続的に賭博場として運営してきた。同店では、Lの指揮命令に基づきあらかじめ任務分担が定められており、賭客からの賭金の徴収係や飲食物の提供係、売上金の管理役などを従業員が反復して行ってきた。

　具体的な賭博方法としては、客は遊技するパチスロ機を選び、従業員に2千円以上の現金を渡し、従業員はパチスロ機の種類に応じ、現金20円又は40円につき1点の割合で、クレジットと呼ばれる点数をパチスロ機に入力する。客は、1回の勝負につきクレジット3点を賭けて、パチスロ機を作動させ、停止した三つのリール（回胴）上に表示される図柄の組み合わせによって、クレジットを獲得したり、失ったりする。機械での遊技を途中で止めると持ち点に応じて換金され、財物の得喪が生じる。

　Lは組織的犯罪処罰法違反で起訴された。1審はLを有罪とした。Lが控訴し、Lは団体の活動として行ったものではない、また犯罪収益から客に支払った勝ち金相当額は差し引くべきである、などと主張した。

判決要旨　**控訴棄却　確定**

　Lや従業員らの集団は、パチスロ機を使った賭博営業により犯罪収益を上げることを共同目的とする多数人の継続的結合体としての実体を備えており、

その共同目的を実現するために、Lの指揮命令に基づきあらかじめ定められた任務分担に従い、構成員らが一体として繰り返し各自の任務を遂行しており、「組織」により反復して行われていたと認められ、本件パチスロ店は組織的犯罪処罰法 2 条 1 項にいう「団体」に該当する。

　クレジットの点数が現金の代替をなしており、1 回の勝負ごとに 3 点相当分、すなわちパチスロ機の種類に応じ60円あるいは120円が賭けられ、客がそのスロット機での賭博を終えるまでに、複数の勝負が行われ最終的に財物の得喪が確定する。この財物の得喪が確定するまでに重ねられた勝負全体が客の行う 1 個の賭博行為であり、遊技の対象として選んだパチスロ機に入力するクレジット（点数）の相当額としてあらかじめ支払われる現金は、客が当該パチスロ機で行う賭博行為の賭金と認められる。

解説

　本件は、従業員を使用した個人経営のゲーム機賭博の事案である。本判決では、その団体性を認定し、先払いされた賭金全額が犯罪収益として没収・追徴の対象となる旨の判断を示した。すなわち、客の支払った賭金である現金は、これが支払われるのと同時に、店が取得することになる。そのため、遅くても客がレバーボタンを押して賭博行為に着手し、着手と同時にその客の賭博行為が既遂に達した時点で、現金は賭博行為によって得た物として刑法19条 1 項 3 号により没収の対象となる、と判示された。

　さらに、その行為が組織的犯罪処罰法 2 条 2 項 1 号の財産上不正な利益を得る目的で犯した常習賭博罪に当たる場合には、「犯罪行為により得た財産」として「犯罪収益」に該当し、同法13条 1 項により没収の対象となると判断された。

37 売春行為の周旋
最高裁平成23年8月24日決定

> 根拠法条：売春防止法6条1項
> 参考文献：判時2128号

ポ イ ン ト　相手方の認識と周旋罪の成否

事 案 概 要

　Gは、いわゆる出会い系サイトを利用して遊客を募る形態の派遣売春デートク
ラブを経営していた。Gは男性従業員と共謀し、女性従業員を遊客に引き合わせ
て、売春をする女性として紹介していた。Gは、出会い系サイトに書き込みをし
て遊客を募る際には、売春をする女性自身を装っていた。平成20年11月、不特定
の遊客Kから電子メールで売春婦紹介の依頼を受けて女性従業員（当時18歳）を
派遣し、Kに引き合わせて売春の相手方として紹介するなどしていた。
　Gは、売春防止法の周旋罪で起訴された。1審及び2審はGを有罪とした。G
は上告し、売春防止法の周旋罪が成立するには客において周旋行為が介在してい
る事実を認識している必要がある、などと主張した。

決 定 要 旨　上告棄却

　Gは、いわゆる出会い系サイトを利用して遊客を募る形態の派遣売春デー
トクラブを経営し、男性従業員と共謀の上、女性従業員を遊客に引き合わせ
て売春をする女性として紹介したものであるが、出会い系サイトに書き込み
をして遊客を募る際には売春をする女性自身を装い、遊客の下には直接女性
従業員を差し向けるなどして、遊客に対しGらの存在を隠していたため、遊
客においては、Gらが介在して女性従業員を売春をする女性として紹介して
いた事実を認識していなかった。
　所論は、そのような事実関係の下では、売春防止法6条1項の周旋罪は成
立しないという。しかし、売春防止法6条1項の周旋罪が成立するためには、

売春が行われるように周旋行為がなされれば足り、遊客において周旋行為が
介在している事実を認識していることを要しないと解する。

解説

　「周旋」とは売買や雇用などで仲に立って取り持ちをすることをいい、「あっ
せん」と同意義であるとされている。

　売春防止法における「売春の周旋」は売春をする者とその相手方となる者の間
に立って、売春が行われるように仲介することをいう。このことから、相手方に
おいて、周旋行為が介在している事実を認識していない場合には、「売春の周旋」
には該当しないとも考えられる。しかし、売春防止法は昭和31年に制定された法
律であり、インターネットや携帯電話等の情報媒体の存在しない時代に制定され
ている。近年における社会の匿名性は、情報機器の発達と相まって、かなりの広
がりをみせている。

　このような時代状況も踏まえ、最高裁は、本決定において、売春防止法の周旋
罪が成立するためには、売春が行われるように周旋行為がなされれば足り、遊客
において、周旋行為が介在している事実を認識していることを要しない、と判示
した。

豆知識㉓　　売春防止法の罰則

　売春防止法では、売春行為自体（単純売春）は禁止されているものの、罰則規定は
ない（3条）。売春を助長する者に対する罪として、売春の周旋行為（6条）や売春
契約（10条）、管理売春（12条）、売春場所の提供（11条）、資金提供の罪（13条）等
を設けている。また、売春を行う者については、公衆の迷惑になるような方法で客を
勧誘するなどの場合（5条）に限って処罰される。

38 売春場所提供罪
岐阜地裁平成25年9月4日判決

> 根拠法条：売春防止法10条1項、11条2項、14条
> 参考文献：裁判所web

ポイント　売春場所提供による莫大な犯罪収益

事案概要

　Sは、個室付き特殊浴場を経営していた。Sは、従業員と共謀の上、売春婦と売春契約をするとともに、約4か月半にわたり、58名の売春婦に対し、本件店舗の個室を売春を行う場所として提供することを業とした。なお、本件店舗を訪れた遊客が支払った金額の総額は、1億1,600万円余りに上ると推計された。

　Sは、売春防止法違反で起訴された。

判決要旨　有罪（懲役2年6月・執行猶予3年、罰金30万円、追徴金4,200万円余り）

　Sは、平成22年6月の開店当初から2年半余りにわたり、複数の従業員らと役割分担をしつつ、インターネット広告等を使用して積極的に集客活動を行うとともに、多数の女性と売春契約をした上、これらの売春婦に対し同店の個室を売春の場所として提供するなどして、平成24年9月から平成25年1月までの期間だけでも1億円以上もの多額の売り上げを計上する、大規模かつ継続的な営業に携わっていた。本件犯行は、いずれもその一環として行われたものであり、組織的かつ営業的な犯行というべきである。

　Sは、開業資金を用意したほか、店舗の内装の修復や従業員の採用等、開店準備の中心的な役割を担った。開店後は、本件店舗の実質的な経営者として、広告戦略等の経営方針の策定や売春婦の採用等を含め、その業務全般を統括し、その収益により生計を立てていた。職業的に本件犯行に関与し、主導的かつ中心的な役割を果たした。

|解|説|

　本事案では、犯罪収益としてどの範囲までの金額を没収ないし追徴すべきか、問題となった。組織犯罪処罰法では、犯罪収益の前提犯罪として、業としての売春場所の提供罪（売春防止法11条2項）と管理売春の罪（同法12条）を規定している。このうち、前者はあくまでも場所の提供行為を処罰するもので、対価や売春報酬の一部を取得していなくても、場所を提供することを反復継続していれば成立するとされ、業として売春をさせる行為は含まれない（後者に該当する）と考えられる。

　そのような観点から、本判決では、売春行為そのものに関する対価については、売春場所の提供行為による財産又は報酬とは評価できず、犯罪収益には当たらない、と判断した。そして、入店した客から受け取った料金のうちから、売春行為自体の対価を控除した残りの金額を、売春場所提供罪により得た犯罪収益とした。

豆知識㉔　ぼったくり防止条例

　「ぼったくり」とは、店側が、客に対して、商品やサービスを相場に比べて大幅に上回る価格で提供することをいう。一部の風俗店などでは、サービスの後で上乗せ料金を請求したり、知らないうちに高額なボトルをいれたりする不正な行為がみられる。このような「ぼったくり」を防止するため、東京都などでは条例が制定され、風俗営業店による不当な勧誘や料金の取立て等が規制されている。

漫画本のわいせつ性

39

東京地裁平成16年 1 月13日判決

根拠法条：刑法175条
参考文献：判時1853号

ポ イ ン ト　わいせつ性の判断と健全な社会通念

事 案 概 要

　Ｚは、出版会社の代表取締役であるが、同社編集局長及び専属の漫画家と共謀して、男女の性交、性戯場面を露骨に描写した漫画を印刷掲載した漫画本 2 万冊余りを頒布した。Ｚは、制作・販売されるいわゆる成人向けの漫画本について、その企画や修正の確認などを行い、特に数年前からは、低迷する売上を回復させようと、出版する漫画本の性器描写の修正の程度を少なくするように指示していた。本件漫画本に関しても、部下に様々な指示を出し、その結果、970万円余りの相当多額の利益を得ていた。

　Ｚは、わいせつ図画頒布で起訴された。

判 決 要 旨　有罪（懲役 1 年・執行猶予 3 年）

　確かに、漫画を構成する絵は、写真や映像とは異なり、手描きの線や点などで描かれるため、現実世界の事物が絵の中では程度の差こそあれデフォルメされることになり、そのやり方次第では、性的刺激を緩和することも可能である。しかし反面、漫画という手法は、写真と同様に、性交、性戯場面をあり姿のまま表現し、読者の視覚に直接訴えることができるという点において、文字情報のみにとどまる文書と比べると、読者に与える性的刺激の程度をより強くすることも可能な描写手法である。

　このような観点から本件漫画本をみると、登場人物の顔や着衣については、漫画特有のデフォルメが施されているが、その程度は弱いものであり、顔以外の身体については、現実に近い形態や比率で描かれていると認められる。

また、性器は他の部位に比して大きく描かれ、その状態もかなり誇張して描かれている。本件漫画本の作者が、モデルとしたものはないが、リアルでいやらしく描写することを心掛けたと述べるように、性器の形態や結合・接触状態の描写は、人の情緒や官能に訴え、想像力をかき立てて、実際の男女の性交、性戯場面を彷彿とさせるのに十分な迫真性や生々しさを備えているものと認められる。現に、本件漫画本は多数の読者が購入する結果となっており、そのこと自体、本件漫画本の性的刺激の強さを示すものといえる。

解説

　最高裁判例によれば、文書のわいせつ性判断は健全な社会通念に照らしながら一定の基準に基づいて行うこととされている。ここで健全な社会通念とは、社会を構成する個々人の認識の平均値ではなく、それを超えた集団意識と考えられ、その判断は裁判所に委ねられた法的価値判断と考えられる。

　本判決は、このような観点を踏まえ、本件漫画本についてわいせつ図画と認定した。

豆知識㉕　最高裁のわいせつ性判断

　最高裁は、刑法にいう「わいせつ」とは「いたずらに性欲を興奮又は刺激せしめ、かつ、普通人の正常な性的羞恥心を害し、善良な性的道義観念に反するもの」をいうと判断している（チャタレー事件・昭和26年5月10日判決）。

　また、わいせつの判断基準として、文書のわいせつ性判断に当たっては、当該文書の描写叙述の程度とその手法、文書全体に占める比重、文書の構成や展開、芸術性等による性的刺激の緩和の程度、これらの観点から文書全体として読者の好色的興味に訴えるものかどうかなどの点を検討し、その時代の健全な社会通念に照らして決すべきであるとしている（四畳半襖の下張事件・昭和55年11月28日判決）。

女子トイレの盗撮

40

気仙沼簡裁平成3年11月5日判決

> 根拠法条：軽犯罪法1条23号
> 参考文献：判タ773号

ポ イ ン ト　のぞきこみとビデオ録画

事 案 概 要

　Yは、トイレ内での女性の排尿行為等を内容とするレンタルビデオ鑑賞では飽き足らず、その性的好奇心を満たすために、自ら撮影して、その録画内容を楽しもうと考えた。Yはビデオカメラを紙袋に入れ、その上から手ぬぐいで覆い隠す等の準備をした。そして、スーパーマーケットの来客用女子トイレ付近に潜み、女子トイレに女性が入るのを確認し、そのあとをつけて女子トイレ内に入り込み、隣室の女性の姿態等を8ミリビデオカメラで隠し撮りをした。

　スーパーマーケット内のレストラン従業員Eは、本件犯行直前に、Yが女子トイレに出入りしているのを目撃し、以前からそのトイレに痴漢が出ると来客から苦情があったため、Yの行動を不審に思った。Eは、自らトイレ内に入って様子をうかがっていると、隣のトイレに誰かが入り、仕切り板の下の隙間から、鏡のようなものでのぞきこんでいる影が見えた。Eは、別の従業員に連絡して、その場から逃げようとしたYを取り押さえた。

　Yは、軽犯罪法違反で起訴された。

判 決 要 旨　**有罪（科料9,000円）　確定**

　軽犯罪法1条23号は、プライバシーの権利の保護を目的とするものである。実質的に見て、肉眼による場合とビデオカメラを用いた撮影録画による場合とで、プライバシーの侵害の有無に何らかわりはない。むしろ、肉眼による場合には便所をのぞきこんだ犯人の記憶も希薄化し消滅することがあり得るのに対し、便所内の女性の姿態等が録画されたビデオテープは、何度でもそ

れを再生することが可能であるばかりか、録画したテープを多数複製することが可能であるので、それによる被害が広がってゆくことがあり得るのであり、ビデオカメラによる撮影録画によるプライバシー侵害の程度は、肉眼によるのぞきこみ行為よりも著しい。

　他方、軽犯罪法1条23号は、犯人の行為の動機及び行為の結果としての好奇心の満足等を犯罪構成要件とはしておらず、単に、のぞきこみ行為が存在し、それによって被害者のプライバシー侵害の結果が発生すれば、犯罪として既遂に達する。

|解|説|

　本件では、犯人は、ビデオカメラで録画した内容を再生して見る前に、スーパーマーケット従業員に犯行を発見され取り押さえられたため、その録画内容を見ないままであった。しかも、犯人が実際に撮影した映像は、女子トイレの便器、女子従業員の足の一部と靴のみであった。しかし、トイレ内の様子の録画行為それ自体によって、被害者のプライバシー侵害が発生しており、犯罪被害の程度が軽微であったものの可罰的違法性は失われない、と判断された。

　また、本件被害者は、盗み撮りをされるかもしれないと認識しながら、いわゆるおとりとして女子トイレに入っているが、その行為によって初めて犯人に犯意が生じたわけではなく、犯人の犯行のきっかけとなったにすぎないと考えられ、違法性は失われない、と判断された。

豆知識㉖　軽犯罪法

　軽犯罪法は、軽微な秩序違反行為を規制する法律である。罰則は、拘留又は科料であり（1条）、逮捕する場合には「定まった住居を有しない場合」か、犯罪の捜査をする必要がある場合に「出頭を求めた際に正当な理由がなく応じない場合」に限られる（刑訴法199条1項ただし書）。

41 組織的な常習盗撮行為

東京地裁平成16年9月22日判決

根拠法条：埼玉県迷惑防止条例、東京都迷惑防止条例
参考文献：判時1913号

ポイント 計画的組織的な盗撮グループの犯行

事案概要

　本件犯人らは、女性のスカートの中の盗撮画像等を掲載していたインターネットのサイトを通じて知り合った。

　H、I及びJは、他の3名の者と共謀の上、常習として、平成16年3月6日頃、埼玉県内の携帯電話機販売店内において、それぞれ所携のデジタルカメラを使用して、商品の説明をしていた店員の甲（当時20歳）の衣服で隠されているスカート内の下着等を無断で撮影した。また、Hは、常習として、4月25日頃、東京都内の洋菓子販売所前において、共犯者が所携のデジタルカメラを使用して、試食販売をしていた店員の乙（当時18歳）のスカート内の下着等を無断で撮影した。

　H、I、Jは、公共の場所において、人を著しくしゅう恥させ、人に不安を覚えさせるような卑わいな行為をしたとして、埼玉県迷惑防止条例違反で起訴された。また、Hは、公共の場所において、人の通常衣服で隠されている下着を撮影して、人を著しくしゅう恥させ、人に不安を覚えさせるような卑わいな行為をしたとして、東京都迷惑防止条例違反で追起訴された。

判決要旨 有罪（H、I、J共に懲役1年・執行猶予4年）

　Hらは、連絡を取り合ってそれぞれ盗撮会を催し、盗撮できそうな女性を探し歩く中で本件盗撮相手の女性を見つけるや、多数の者で意思を相通じ、共犯者間で役割を分担して、一人が客を装って店員である相手女性の注意を引きつけ、他の者が犯行を発覚しにくくするいわゆる「壁」役を務めるなどする中、盗撮者において盗撮を敢行したものであり、犯行態様は、いずれも

計画的かつ組織的であると同時に卑劣かつ悪質と言うほかないし、当然ながら動機や経緯において斟酌すべき点は皆無であって、その反社会性は著しい。

　また、Ｈらが日常的に盗撮行為を繰り返していたことは、押収されたパソコン等に保存された多数の画像データの存在等からも明白であり、それに加えて、それらの画像の中には、面白がるあまりか盗撮者が相手女性を盗撮している様子自体を他の者が撮影したものもあること、Ｈらが、自分たちの行っている盗撮が犯罪であることや盗撮された女性の気持ちを何ら慮ることなく、あたかも遊びのように盗撮した女性達のことをあげつらったり、盗撮結果を競っていた状況などからすれば、Ｈらのこの種盗撮事犯に関する常習性は顕著であり、規範意識が欠落していることも疑いようがない。

解説

　本件は、盗撮会などと称して集団での盗撮行為を行っていた常習盗撮グループによる悪質な犯罪である。

　各都道府県においては迷惑防止条例が定められ、女性の下着を撮影するなどする卑わいな行為について罰則が定められ、常習的な行為については罰則が加重されている。

　本件では、２都県にまたがって常習的な盗撮という卑わい行為が行われているが、この場合、２つの迷惑防止条例違反となるのか、それとも「常習性」を勘案してどちらか１つの迷惑防止条例違反となるのかが問題とされた。本判決においては、２つの迷惑防止条例違反が成立し、併合罪の関係となると判示された。

42 犯行を隠し撮りしたビデオカセット

最高裁平成30年6月26日決定

> 根拠法条：刑法19条1項2号、176条、177条
> 参考文献：判時2437号

ポイント　隠し撮りビデオと犯罪供用物件

事案概要

　Uは、アロマサロンを開業し、自ら施術者として利用客にマッサージ等のサービスを提供していた。Uは、アロマに関する指導を受けるなどしていた女性に対する強姦未遂1件（被害者A）、アロママッサージを受けに来た女性客4名に対する強姦1件（被害者B）及び強制わいせつ3件（被害者C、D、E）に及んだ。その際、Uは、被害者らにアイマスクを着用させ、被害者らに無断でビデオカメラを設置・操作し、犯行の様子を隠し撮りして、デジタルビデオカセットに録画していた。

　本件においては、Uが隠し撮りしていたデジタルビデオカセット合計4本について、その没収の可否が争われた。Uは、ビデオ録画について、後にトラブルになった場合に備えて防御のために撮影したと主張していた。

　1審は、Uの犯罪の成立を認め（懲役11年）、本件デジタルビデオカセットについては、隠し撮りはUの性犯罪と密接に関連しているだけでなく、Uの犯行を心理的に容易にし、促進したものと判断して、犯罪供用物件として没収できるとした。

　2審は、Uの控訴を棄却し、没収に関して、Uのいう利用客との間でトラブルになった場合に備えての防御とは、被害者が被害を訴えた場合には、映像を所持していることを告げることにより被害者の名誉やプライバシーが侵害される可能性があることを知らしめて、捜査機関への被害申告や告訴を断念させるための交渉材料として用いることを含む趣旨と認められると判断し、犯罪の実行行為を心理的に容易にするものといえるから、犯罪供用物件に該当すると判示した。

　Uは上告し、没収に関して、自己の施術に対するいわれのないクレームなどからの防御の目的でビデオ撮影をしたなどと主張した。

決定要旨　**上告棄却**

> 　Uは、本件強姦1件及び強制わいせつ3件の犯行の様子を被害者に気付かれないように撮影しデジタルビデオカセット4本に録画したところ、Uがこのような隠し撮りをしたのは、被害者にそれぞれの犯行の様子を撮影録画したことを知らせて、捜査機関にUの処罰を求めることを断念させ、刑事責任の追及を免れようとしたためであると認められる。
> 　本件デジタルビデオカセットは、刑法19条1項2号にいう「犯罪行為の用に供した物」に該当し、これを没収することができると解する。

解説

　刑法19条1項2号は、「犯罪行為の用に供し、又は供しようとした物」（犯罪供用物件）を没収することができる旨規定している。

　性犯罪は、被害者にとって被害を受けたことを他人に知られたくない犯罪である。したがって、犯罪者からすると、犯行の様子を撮影録画することは、被害者にその事実を知らせて捜査機関に犯罪者の処罰を求めることを断念させ、刑事責任追及を免れるための対抗手段を確保することになる。その意味において、犯行に及ぶ心理的障害を軽減する機能を果たし、犯罪遂行を促進する効果を有するものとなる。

　最高裁は、本決定において、犯行の様子を撮影しデジタルビデオカセットに録画することについては、被害者に撮影録画したことを知らせて、捜査機関に処罰を求めることを断念させ、刑事責任の追及を免れようとしたためであると認められるとして、犯罪供用物件に該当すると判示した。

痴漢被害の虚偽申告

43 大阪地裁平成20年8月8日判決

> 根拠法条：刑法172条
> 参考文献：裁判所 web

ポイント 特異な痴漢えん罪事件

事案概要

　Fは本件直前にうつ病が悪化し、自殺願望を抱いていたところ、偶然知り合ったⅠから慰めたり安心させたりする言葉を掛けられ、Ⅰに精神的に大きく依存するようになった。そして、Ⅰから各種犯行への働きかけがあり、Fはこれに加わることとなった。

　Fは、夕刻の通勤時間帯に市営地下鉄に乗車して、中年男性O（当時58歳）に近づき、痴漢をされた、などと嘘を言った。その後、駅長室において、痴漢発生の通報を受けて駆けつけた警察官らに対し、乗客Oが身体に触った事実はないのに、Oが刑事処分を受けることを認識しながら、「近くにいた男が、服の上から私の下腹部やお尻を触ってきました」旨申し向けた。また、Ⅰは「女性の後ろに立っていた男が、女性のお尻を触っていました。撫で回すように触っていました。僕は男の腕をつかみ、痴漢された女性と一緒に駅長室に連れて来ました。」旨申し向けた。

　Oは、府条例違反で逮捕され、留置された。その後、Fは、Oに身に覚えのない罪を着せたという良心の呵責に苛まれ、犯行の6日後になり、Ⅰの脅迫的制止を振り切って、警察に自首した。Fは、虚偽告訴等で起訴された。

判決要旨 有罪（懲役3年・執行猶予5年）

　Fは、Ⅰとの間で、予め男性客を痴漢犯人に陥れるための役割分担を決めた上、Ⅰの助言に従い、スカートをはいて痴漢にねらわれやすい外観をとり、地下鉄に乗って帰宅途中の中年男性Oにねらいをつけて、互いの身体が接触

するほどの位置に佇立した。Ｆは、Ｏに身体を触ったなどと嘘を言い、驚いて反論を試みようとするＯに、すかさず近づいたＩが、触るのを見たなどと嘘を言って加勢した。

　臨場した警察官らに対し、Ｆがあたかも痴漢の被害に遭ってショックを受けている被害女性を演じつつ、架空の被害事実を申告し、Ｉにおいても犯行を目撃した正義感の強い若者であるかのように演じることによって、虚偽告訴の犯行に及び、Ｏに濡れ衣を着せて府条例違反の罪で逮捕させるに至ったものであって、計画的かつ巧妙で悪質な犯行である。

　このようにＦは、不可欠で極めて重要な役割を果たしている。Ｆらは、犯行に先立ち、相互間における携帯電話の通話記録等を消去したり、駅構内で連れ立って歩くことを避けるなどによって、赤の他人同士を装い、本件犯行が警察に発覚しないよう画策もしており、周到かつ狡猾な行動をとっている。

解説

　痴漢犯人に仕立て上げられた被害者は、全く身に覚えがないのに、電車内における痴漢という極めて不名誉な罪を突然着せられ、弁解するも聞き入れられずにそのまま逮捕され、丸１日近く警察署留置施設に収容されるに至った。平穏な社会生活を送っていた被害者にとっては屈辱を与え、その家族にも多大の衝撃と心労をもたらした。

　本件は、特異事件として、マスコミなどにより広く報道された。公共交通機関を日々利用している男性通勤客にとっては、いつ本件と同様の無実の嫌疑を掛けられ事件に巻き込まれるかも知れない、という不安を与えたことが推察される。また、電車内で実際に痴漢被害に遭遇し、勇気を奮って被害申告した女性にとっても、虚偽申告ではないかとの疑いの目で見られる、という可能性を生じさせた。弱い立場にある性犯罪の女性被害者による被害申告を、一層ためらわせる結果を招来させかねない事案であった。

臀部の盗撮

最高裁平成20年11月10日決定

> 根拠法条：憲法31条、北海道迷惑防止条例
> 参考文献：判タ1302号

ポイント　「卑わいな言動」の意義

事案概要

　Jは、ショッピングセンターにおいて、女性客の後ろを執拗に付けねらい、デジタルカメラ機能付き携帯電話で、ズボンを着用した同女の臀部を、近距離から多数回撮影した。Jは、北海道迷惑防止条例違反で起訴された。

　同条例2条の2第1項では、罰則対象（6月以下の懲役又は50万円以下の罰金）となる公共の場所における行為として、①衣服等の上から、又は直接身体に触れること、②衣服等で覆われている身体又は下着をのぞき見し、又は撮影すること、③写真機等を使用して衣服等を透かして見る方法により、衣服等で覆われている身体又は下着の映像を見、又は撮影すること、④前3号に掲げるもののほか、卑わいな言動をすること、と定めていた。

　1審は、Jが臀部をねらって撮影したとまでは断定できないなどとして、無罪とした。2審は、Jは臀部をねらっていたと認めることができるなどとして、有罪とした。Jは上告し、「卑わいな言動」の構成要件が不明確で憲法違反である、などと主張した。

決定要旨　上告棄却

　北海道迷惑防止条例2条の2第1項4号〔現　1号〕の「卑わいな言動」とは、社会通念上、性的道義観念に反する下品でみだらな言語又は動作をいうと解され、同条1項柱書きの「公共の場所又は公共の乗物にいる者に対し、正当な理由がないのに著しくしゅう恥させ、又は不安を覚えさせるような」と相まって、日常用語としてこれを合理的に解釈することが可能であり、不

明確であるということはできない。

　Jは、正当な理由がないのに、ショッピングセンター1階の出入口付近から女性靴売場にかけて、女性客（当時27歳）に対し、その後を少なくとも約5分間40メートル余りにわたって付けねらい、背後の約1ないし3メートルの距離から、右手に所持したデジタルカメラ機能付きの携帯電話を自己の腰部付近まで下げて、細身のズボンを着用した同女の臀部を同カメラでねらい、約11回これを撮影した。

　Jの本件撮影行為は、被害者がこれに気付いておらず、また、被害者のズボンの上からされたものであったとしても、社会通念上、性的道義観念に反する下品でみだらな動作であることは明らかであり、これを知ったときに被害者を著しくしゅう恥させ、被害者に不安を覚えさせるものといえる。

解説

　本件は盗撮行為の一種ではあるが、スカートの中など隠れた部分ではなく、周囲から見ることのできるズボンの上から臀部を撮影していたため、迷惑防止条例の罰則対象となる行為であるかどうか、が争われた。

　最高裁は、本決定において、犯人の本件撮影行為は、被害者が気付いておらずズボンの上からされたものであっても、社会通念上、性的道義観念に反する下品でみだらな動作であることは明らかで、被害者を著しくしゅう恥させ被害者に不安を覚えさせるものであるとして、罰則対象行為に該当すると判断した。

豆知識㉗　　迷惑防止条例

　迷惑防止条例は、公衆に著しく迷惑をかける暴力的不良行為等を防止し、住民生活の平穏を保持することを目的として制定されている。規制行為は、ダフ屋行為、痴漢行為、つきまとい行為、ピンクビラ配布行為、押売行為、盗撮行為、のぞき行為、客引き行為などである。

痴漢行為の再現写真

最高裁平成23年9月14日決定

> 根拠法条：刑訴法304条、317条、刑訴規則49条、199条の12
> 参考文献：判時2138号

45

ポイント　被害再現写真を活用した証人尋問

事案概要

　Wは、電車内で乗客の女性のスカート内に手を入れ、下着をめくり上げた上で臀部を直接撫で回すなどした。被害女性が、Wの手をつかんで捕まえた。

　Wは強制わいせつで起訴された。1審公判において、Wは「電車内では目をつぶって立っており、自分の前には人一人分くらい空いていて、誰かに手を触れた記憶は全くないのに、被害者から突然右腕をつかまれた」と主張して、犯行を否認した。

　検察官は、被害女性の供述調書や被害再現の実況見分調書を証拠請求し、Wの犯人性を立証しようとしたが、弁護人が不同意とした。被害女性の証人尋問が行われ、被害状況や犯人を捕まえた経緯について証言した。検察官は、被害者が被害状況等を具体的に証言した後に、その供述を明確化するために、捜査段階において撮影された被害再現写真を被害者に示して尋問する許可を求めた。裁判官はこれを許可し、被害者に示した被害再現写真は、調書の末尾に添付された。

　1審は、Wを有罪（懲役2年・執行猶予4年）とした。2審もWの控訴を棄却した。Wは上告し、被害再現写真は証拠として採用されなかったもので、それを用いて事実認定をしたことは伝聞法則に違反する、などと主張した。

決定要旨　上告棄却

　本件において、検察官は、証人（被害者）から被害状況等に関する具体的な供述が十分にされた後に、その供述を明確化するために、証人が過去に被害状況等を再現した被害再現写真を示そうとしており、示す予定の被害再現

写真の内容は、既にされた供述と同趣旨のものであった。これらの事情によれば、被害再現写真を示すことは供述内容を視覚的に明確化するためであって、証人に不当な影響を与えるものであったとはいえないから、1審裁判所が、被害再現写真を示して尋問することを、許可したことに違法はない。

　本件証人は、供述の明確化のために被害再現写真を示されたところ、被害状況等に関し、具体的に証言した内容がその被害再現写真のとおりである旨供述している。その証言経過や証言内容によれば、証人に示した被害再現写真を参照することは、証人の証言内容を的確に把握するために資するところが大きい。1審裁判所が、証言の経過、内容を明らかにするために、証人に示した写真を証人尋問調書に添付したことは、適切な措置であった。

解 説

　本件は、電車内における痴漢行為（強制わいせつ）の事案である。犯人と目された者が犯行を否認し、被害者が「触っている犯人の手をつかみ、その者が犯人であると確認した」と述べた供述の信用性が、争点となっていた。

　弁護側は、捜査側で作成した被害再現に関する実況見分調書（被害者が被害状況を再現した写真を添付したもの）等の証拠について、裁判所に提出することを、不同意とした。このため、被害女性の証人尋問が行われたが、その内容を明確化するため、捜査段階で作成された被害再現写真が活用された。

　証人に示した被害再現写真は、独立した証拠として採用されたものではないから、証言内容を離れて、写真自体から事実認定を行うことはできない。しかし、本件証人は、証人尋問中に示された被害再現写真の内容を実質的に引用しながら証言しているので、引用された限度において、被害再現写真の内容は証言の一部となっていると認められた。

　最高裁は、このような観点を踏まえ、被害者の証言全体を事実認定の用に供することができる、と判断した。

第 4

サイバー事犯

ネット上の悪質な脅迫

46

東京地裁平成18年3月27日判決

> 根拠法条：刑法222条、230条
> 参考文献：ＷＪ

ポイント　**ネット掲示板を悪用した脅迫**

事案概要

　Ｚは、Ａ小学校のホームページを閲覧して、たまたま名前を知った小学校4年生Ｂ（当時10歳）について、Ｂ及び両親らを脅迫しようと企て、不特定多数の者が閲覧可能なインターネット上の掲示板に、「Ａ小学校4年生Ｂを殺します。からだじゅうを滅茶苦茶にさしたりキリさいて、108つのぱーつに分解する。」などの文章をパソコン送信し掲示して、Ｂらを脅迫した。

　また、Ｚは、音楽業界大手のＣ株式会社がＤと称するキャラクター商品を販売したことに因縁をつけ、同社代表取締役Ｅ及びその妻Ｆらを脅迫しようと企て、前記同様にネット上の掲示板に、「クソ生意気なＥ。田園調布のお前の自宅に放火し、一家全員バーベキューにしてやる。」「Ｅの妻Ｆの頭部に濃硫酸を浴びせる刑を思いついた。元モデルの綺麗な顔を、一生人前に出られないようなバケモノ顔にしてやる。」などの文章をパソコン送信し掲示して、Ｅらを脅迫した。

　さらに、Ｚは、Ｅの名誉を毀損しようと企て、ネット上の掲示板に「予告の書き込みをした者です。Ｅ社長から直接指示されてやりました。」などの文章をパソコン送信し掲示した。

　Ｚは、脅迫及び名誉毀損で起訴された。

判決要旨　**有罪（懲役1年6月）**

　Ｚは、その内向的性格等から就職活動に行き詰まり、そのうっぷんを晴らそうと、本件各犯行に及んだ。掲示された犯罪予告文書の内容は、過日社会を震撼させた現実の事件の被告人の名前を引用して現実味を帯びさせた上、

女児を切り裂くなどする、あるいは絶対に助からない急所をねらって社員を刺すとか、Eの自宅に放火する、さらにはその妻の顔に濃硫酸を浴びせるなどという、極めて凶悪で異常なものである。名誉毀損文章も、それまでのあおり文句を利用して、いかにももっともらしくEの愛人関係や暴力団関係ででっち上げるなど、狡知にたけた卑劣極まりないものである。これらにより、関係被害者らに与えた衝撃は想像を絶し、その対応に費やした経済的損失も、また莫大なものとみられる。

　さらに、本件が社会に与えた影響も、無視することができない。この点、Z自身、インターネット上で見た同様の脅迫文言を参考にしたと述べているように、この種犯罪が極めて模倣性の強いものであることも、考慮せざるを得ない。Zは、インターネットや無線LANに関する知識を悪用し、他人の無線LANにただ乗りする方法で、匿名のまま本件犯行に及んでいる。

|解|説|

　本件は、犯人がインターネット上の掲示板に、数回にわたって、小学生女児殺害予告の文章や大手レコード会社の社員、代表者やその家族に危害を加える旨の予告文章を掲示して、被害者らを脅迫したほか、同代表者個人の名誉を毀損する文章を掲示した事案である。

　実際には、脅迫内容の現実の危害可能性は、客観的にも主観的にもなかったものとみられたが、自己の不満を晴らそうと行ったもので、自己中心的であり身勝手な犯行である、と判断された。また、犯行後にパソコン内の犯行に関する情報を消去し、犯行に用いた無線LANカードを廃棄するなど、証拠の隠滅を図るなどしていた。

豆知識㉘　デジタル・フォレンジック

　コンピュータ犯罪に対して、その原因解明に必要なデータや電磁的記録を収集・分析して、明らかにする手段や技術をいう。デジタル鑑識。サーバのログファイルから不正アクセスの痕跡を探し出し、破壊されたディスクを復元してデータを回収する。

ネット掲示板での犯罪予告

東京高裁平成21年3月12日判決

根拠法条：刑法233条、234条
参考文献：判タ1304号

ポイント 虚偽通報による警察業務の妨害

事案概要

　Lはそのような意図がないにもかかわらず、インターネット掲示板に、ＪＲの駅において無差別殺人を実行する旨の予告を掲載し、不特定多数の者に閲覧させた。その掲示板を閲覧した者から警察に通報があり、警察では、多数の警察官を当該ＪＲ駅構内や周辺に出動させ、警戒等に当たらせた。そのため、警察では、Lの虚偽の犯罪予告がなければ遂行されたはずの警ら、立番業務等がなされなかった。

　Lは、偽計業務妨害で起訴された。1審は、Lを有罪とした。Lは控訴し、警察業務は一般的に強制力を行使するものであり、業務妨害罪の「業務」には含まれない、などと主張した。

判決要旨 控訴棄却　確定

　最近の最高裁判例において、「強制力を行使する権力的公務」が本罪にいう業務に当たらないとされているのは、暴行・脅迫に至らない程度の威力や偽計による妨害行為は、強制力によって排除し得るからなのである。

　本件のように、警察に対して犯罪予告の虚偽通報がなされた場合（インターネット掲示板を通じての間接的通報も、直接的110番通報と同視できる）、警察においては、直ちにその虚偽であることを看破できない限りは、これに対応する徒労の出動・警戒を余儀なくさせられる。その結果として、虚偽通報さえなければ遂行されたはずの本来の警察の公務（業務）が、妨害される（遂行が困難ならしめられる）。

　妨害された本来の警察の公務の中に、仮に、逮捕状による逮捕等の強制力を付与された権力的公務が含まれていたとしても、その強制力は本件のような虚偽通報による妨害行為に対して行使し得る段階にはなく、このような妨害行為を排除する働きを有しない。

　本件において、妨害された警察の公務（業務）は、強制力を付与された権力的なものを含めて、その全体が本罪による保護の対象となる。

解説

　本判決では、インターネット掲示板に掲載された犯罪予告の虚偽通報は、本来遂行されるべき警察の公務（業務）を妨害しており、強制力を付与された権力的公務も含めて、その全体が偽計業務妨害罪の「業務」に当たる、と判断された。

　また、軽犯罪法1条31号の「悪戯など」に該当するのでないか、との主張に対しては、その規定は刑法の業務妨害罪等の補充規定であり、業務妨害罪等が成立しないような違法性の低い場合に、軽犯罪法が成立し得る、と解している。

　本件においては、不特定多数の者が閲覧するインターネット掲示板に、無差別殺人という重大犯罪を実行するような書き込みをしたもので、その書き込みが警察に通報され、警察が相応の対応を余儀なくされることは予見できると考えられ、その行為は違法性が高く、「悪戯など」には当たらない、と判断された。

ネット上での名誉毀損

48

最高裁平成22年3月15日決定

根拠法条：刑法230条、230条の2
参考文献：判タ1321号

ポ イ ン ト　インターネットによる名誉毀損

事 案 概 要

　Yは、フランチャイズ飲食店の加盟店募集及び経営指導等を業とする、乙株式会社の名誉を毀損しようと企てた。Yは、自らが開設したインターネット上のホームページ内において、乙社がカルト集団である旨の文書を掲載し、また会社説明会の広告に虚偽の記載をしている旨の文章等を掲載して、不特定多数の者の閲覧可能な状態に置き、公然と事実を摘示して、乙社の名誉を毀損した。

　Yは名誉毀損で起訴された。1審は、Yが、インターネット個人利用者に対して要求される程度の情報収集をした上で、本件行為に及んだものと認められるから、名誉毀損の罪責は問えないとして、無罪とした。2審は、被害者保護の観点から、名誉毀損該当性の基準を緩和するのは問題があるなどとして、Yを有罪（罰金30万円）とした。

　Yは上告し、インターネットの発達に伴って表現行為を取り巻く環境が変化しており、個人利用者に対しての要求水準を満たす調査を行っておれば、名誉毀損は成立しない、などと主張した。

決 定 要 旨　上告棄却

　インターネットの個人利用者による表現行為の場合においても、他の場合と同様に、行為者が摘示した事実を真実であると誤信したことについて、確実な資料、根拠に照らして相当の理由があると認められるときに限り、名誉毀損罪は成立しないものと解するのが相当であって、より緩やかな要件で同罪の成立を否定すべきものとは解されない。

　本件についてみると、Ｙは商業登記簿謄本、市販の雑誌記事、インターネット上の書き込み、加盟店の店長であった者から受信したメール等の資料に基づいて、摘示した事実を真実であると誤信して、本件表現行為を行った。このような資料の中には一方的立場から作成されたにすぎないものもあること、フランチャイズシステムについて記載された資料に対するＹの理解が不正確であったこと、Ｙが乙社の関係者に事実関係を確認することも一切なかったこと、などの事情が認められる。

　以上の事実関係の下においては、Ｙが、摘示した事実を真実であると誤信したことについて、確実な資料、根拠に照らして相当の理由があるとはいえないから、これと同旨の原判断は正当である。

解説

　最近における情報通信の発展に伴い、インターネットによる情報も拡大の一途をたどっている。このような状況下において、個人利用者が、インターネット上に掲載した情報だからといって、信頼性の低い情報であると受け取るとは限らない。インターネット上の情報は、不特定多数の利用者が瞬時に閲覧可能となり、これによる名誉毀損の被害は、時として深刻なものとなり、一度損なわれた名誉の回復は容易でなく、インターネット上での反論によって、その回復が図られるという保証もない。

　最高裁は、このような観点から、本決定において、従来の「行為者がその事実を真実であると誤信し、その誤信したことについて確実な資料、根拠に照らし相当の理由があるときは、犯罪の故意がなく名誉毀損の罪は成立しない」という基準が、インターネット利用者に関しても適用される、と判示した。

イカタコウイルス事件

49

東京地裁平成23年7月20日判決

根拠法条：刑法261条
参考文献：判タ1393号

ポ イ ン ト　パソコンウイルスと器物損壊

事 案 概 要

　Sは、ファイル共有ソフト利用者に、警告を超えた懲罰を与えて困惑させようと考え、イカタコウイルスを作成した。本件ウイルスは、感染したパソコン内に保存されているファイルを、イカやタコの画像で上書きし、それを削除し、削除ファイルと同名のファイルを作成して、イカやタコなどの魚介類の画像データを書き込み、さらにそのファイル名をウイルス特有のものに変更していく。この作用は、対象ファイルがある限り、継続して行われていくものであった。

　Sは、本件ウイルスを音楽ファイルに仮装した上で、インターネットに接続したパソコンを用いて公開し、不特定多数のファイル共有ソフト利用者が受信、実行し得る状態にした。その結果、被害者3名のパソコンに本件ウイルスを受信、実行させて、パソコン内蔵のハードディスクに記録させていたファイルを使用不能とさせた。

　Sは器物損壊罪で起訴された。公判において、Sは、本件ウイルスの実行によってハードディスク自体は損壊されておらず、器物損壊罪は成立しない、などと主張した。

判 決 要 旨　有罪（懲役2年6月）　控訴の後に控訴棄却

　ハードディスクが持つ読み出し機能とは、利用者が既に保存しているファイルをそのとおりに随時読み出せることであるから、それができなくなって容易に回復できないのであれば、読み出し機能は失われたと評価できる。
　本件ウイルスの機能・作用により、本件ウイルスを実行した時点で、パソ

コンのハードディスクに保存されていたファイルは、高速度で順次イカやタコの画像のファイルに置き換えられてしまい、利用者が保存していたファイルを読み出すことが不可能になる。これはそのファイルを保存していた部分について、ハードディスクの読み出し機能が失われたとみることができる。

　3名の被害者のハードディスクでは、最大で約11,000個、最小でも約4,300個のファイルが使用不能となるなど、大量のファイルが読み出し不能になっている以上、ハードディスクの読み出し機能が可罰的な程度に侵害された、と評価することができる。

解説

　器物損壊罪における「損壊」には、物の物理的破壊に限らず、物の効用の喪失も含む、と解されている。判例においても、食器に放尿する行為や、物に対するビラ貼りや落書きなどが、器物損壊に当たるとされている。

　本件ウイルスは、二重に上書きする機能によって、ウイルスに感染したファイルの復元をより困難にするほか、一旦感染すれば、容易にその実行を止められないように工夫がこらされていた。また、暗号化技術を用いたり、ウイルス解析ソフトが実行されると、それを強制終了したりして、プログラム自体が容易に解析されないように工夫され、アンチウイルスソフトの対処を防いでいた。

　本判決では、効用侵害に関して、パソコンのハードディスクは読み出し機能と書き込み機能とが本来的効用であり、ウイルス感染によってこれらの効用が失われ、しかも容易に原状回復ができないなどとして、器物損壊罪の成立が認められた。

豆知識㉙　サイバー攻撃

　インターネットなどを利用して、標的のコンピュータネットワークに不正に侵入して、データの破壊や改ざんなどを行ったり、システムを機能不全に陥らせる。具体的には、大量のアクセスを集中させてシステムを機能不全にしたり、コンピュータウイルスを添付した電子メールを大量に送信する方法が、多くみられる。

手段としての不正アクセス

50

最高裁平成19年8月8日決定

根拠法条：刑法45条、161条の2第1項、不正アクセス禁止法2条4項、
3条、11条
参考文献：判タ1252号

ポイント 不正アクセス罪と私電磁的記録不正作出罪の関連

事案概要

　Pは、生活費の不足を補うため、インターネットオークションを利用して自分
の持ち物を売却していたが、他人の会員ID等を使って虚偽商品を出品し、代金
を詐取するといった詐欺が行われていることを知り、強い反感を抱いた。Pは、
詐欺が疑われる出品に対し、自ら落札するなどの妨害行為を繰り返していた。そ
のうちに、自らの会員IDが使えなくなったことから、他人名義の会員IDとパ
スワードを使って、妨害行為を行っていた。

　その後、Pは、F株式会社が運営管理するインターネット上のオークションに
関して、以下の行為を行った。①F会員3名を利用権者として付された識別番号
を使用して、自らのパソコンからFの設置管理するサーバコンピュータに、合計
100回にわたる不正アクセス行為を行った（不正アクセス禁止法違反）。②サーバ
コンピュータに、F会員2名がパスワード変更手続を取った旨の虚偽情報を送信
し、その記憶装置に蔵置させ、事実証明に関する電磁的記録を不正に作出し、事
務処理の用に供した（私電磁的記録不正作出及び同供用）。③サーバコンピュー
タに、F会員が入札を行った事実がないのに、入札を行って落札した旨の虚偽情
報を送信し、その記憶装置に蔵置させ、事実証明に関する電磁的記録を不正に作
出し、事務処理の用に供した（私電磁的記録不正作出及び同供用）。

　Pは、不正アクセス禁止法違反及び私電磁的記録不正作出・同供用で起訴され
た。原審は、Pを有罪（懲役1年4月・執行猶予3年）とした。Pは上告し、不
正アクセス罪と私電磁的記録不正作出及び同供用の罪とは、手段と結果の関係に
あり、牽連犯となるから、法令の解釈適用の誤りがある、などと主張した。

決定要旨　上告棄却

　不正アクセス禁止法所定の不正アクセス行為を手段として、私電磁的記録不正作出の行為が行われた場合であっても、同法8条1号〔現　11条〕の罪と私電磁的記録不正作出罪とは、犯罪の通常の形態として、手段又は結果の関係にあるものとは認められず、牽連犯の関係にはないと解する。本件につき両者を併合罪の関係にあるものとして処断した原判断は、相当である。

解説

　インターネットオークションは、インターネット利用者が、オークションのページを通じて商品を出品して売買を広告し、その購入を希望する会員が、ページの所定欄に金額等を入力して入札すると、自動的にオークションが行われ、最高入札額で入札した者が当該商品を落札し、当事者間でその売買契約が締結される、という仕組みである。

　このオークションにより商品の出品又は入札を行うためには、当該オークションの会員ID等の登録手続が必要とされ、その登録を行った会員については、ID及びパスワードを入力してログインすると、認証専用のサーバコンピュータによって会員か否かの認証作業が行われ、ログインが許可されて初めてオークションのサービスを受けることが可能となる。

　最高裁は、本決定において、不正アクセス罪と私電磁的記録不正作出罪は併合罪として処断される旨の判断を示した。

豆知識㉚　不正アクセス

　本来正規のアクセス権限を持たない者が、ソフトウェアの不具合などを悪用してアクセス権を取得し、サーバや情報システムの内部へ侵入を行う行為。その結果、サーバやシステムが停止したり、重要情報が漏えいするなどして、大きな影響を与える。

51 ソフト開発者の不正アクセス

東京高裁平成15年6月25日判決

> 根拠法条：不正アクセス禁止法2条4項、3条、11条
> 参考文献：判時1846号

ポイント **不正アクセスの故意**

事案概要

　甲社は、携帯電話会社の「着ボイス」のプログラムを開発した。その開発担当者のプログラマーBは、甲社を退社したが、「着ボイス」のプログラムのソースコード（プログラム言語で書かれたプログラム）を残さずに、退社した。甲社代表取締役は、Bがソースコードを残さずに退社することを、了承していた。

　Tは、丙社に勤務していた。丙社は、甲社の技術開発部門的な立場にあった。丙社は、甲社から「着ボイス」のリニューアル作業を受注し、Tがその作業を命じられた。Tは作業をしているうちに、プログラムのソースコードを入手したいと考えた。Tは、パソコンのコマンド履歴等からパスワード等を推理して入力したところ、B使用のパソコンにログインでき、「着ボイス」プログラムのソースコードを含む、ダウンロード可能なファイル全てを、ダウンロードした。

　Tは、不正アクセス禁止法違反で起訴された。1審は、Tを有罪（懲役6月・執行猶予2年）とした。Tは控訴し、前任者が本来会社に著作権の帰属するソースコードを返却しなかったため、それを取り戻すために行った行為であり、正当業務行為として違法性が阻却される、などと主張した。

判決要旨 **控訴棄却**

　不正アクセス禁止法により禁止されている不正アクセス行為に必要な故意は、本件でいえば、「他人の識別符号を入力して当該特定電子計算機を作動させ」ることを、認識、認容していれば足りる。当該アクセス管理者又は当該識別符号に係る利用者の承諾があると認識している場合には、その故意が

阻却されるにすぎない。

　当該サーバに保管されている本件ソースコードの著作権が、仮にその利用権者になく、行為者においてそのことを認識していたとしても、不正アクセスの故意に欠けるところはない。

　不正アクセスの構成要件は、同法に規定する記述的な要素に尽きる。それに付加して、不正であることの認識・認容を要するものではなく、当該ソフトの著作権の帰属の問題、さらにはその権利の行使問題と、関連する余地はない。

解説

　不正アクセス行為は、コンピュータネットワークが社会の基盤としての役割を果たしている高度に発達した情報化社会において、いわば鍵の掛かった他人の家に勝手に入り込む行為であり、ネットワークの秩序を乱し、高度情報化社会の健全な発展を阻害しかねない危険な行為である。

　本件犯人は、コンピュータのソフトウェア開発という業務に従事していながら、接続ログを解析し、パスワードを推理して、アクセス制御がされているサーバに不正アクセスをしている。本来、企業の機密情報に触れたり、コンピュータに保存されている各種情報に接する機会も多いと考えられ、情報管理やアクセス制御に最も注意を払うべき立場にある者による犯行であった。

52 セキュリティホールの悪用
東京地裁平成17年3月25日判決

> 根拠法条：不正アクセス禁止法2条4項2号、3条、11条
> 参考文献：判タ1213号

ポイント　プログラムの欠陥の悪用

事案概要

　Kは、パソコンでプライバシー関係の情報検索をしていた際に、乙社のアクセス制御機能を有するサーバコンピュータに、別ページを閲覧するなどしてアクセスが可能となるセキュリティホールを発見した。Kは、これを乙社に知らせないまま、自己の能力・技能を誇示したいとの動機から、コンピュータセキュリティのイベントにおいて、不正アクセス行為を行った。

　Kは、不正アクセス禁止法違反で起訴された。公判において、Kは、コンピュータの脆弱性を明らかにしたボランティア的な問題指摘活動の一環である、などと主張した。

判決要旨　有罪（懲役8月・執行猶予3年）

　アクセス制御機能は、アクセス管理者により特定電子計算機の特定利用が「制限」されていることを前提として、当該特定利用をしようとする者が識別符号等を入力した場合に、この「制限」の全部又は一部を解除する機能である。

　制限が、プログラムの瑕疵や設定上の不備により、アクセス管理者の意図に反して不十分な場合、そのことをもって、アクセス管理者が付加している機能をアクセス制御機能と認めないとするのは、プログラムやコンピュータシステムが複雑化し、プログラムの瑕疵や設定の不備の有無を、容易に判別、修正できない現状に照らして現実的ではないし、アクセス制御機能の強度ないし巧拙について、客観的に判定する基準も存在しない。

　そうすると、識別符号を入力してもしなくても同じ特定利用ができ、アクセス管理者が当該特定利用を誰にでも認めている場合には、アクセス制御機能による特定利用制限はないと解すべきであるが、プログラムの瑕疵や設定上の不備があるため、識別符号を入力する以外の方法によっても特定利用ができることをもって、直ちに識別符号の入力により特定利用制限を解除する機能が、アクセス制御機能に該当しなくなるわけではない。

解説

　不正アクセス禁止法は、識別符号の不正入力のみではなく、アクセス制御機能による制限を免れる指令や情報を入力する、いわゆるセキュリティホール攻撃も規制対象としている。セキュリティホール攻撃は、識別符号を入力しなくても、対象コンピュータサーバへのアクセスを可能とする方法である。

　本判決では、この点、識別符号を入力してもしなくても同じ特定利用ができ、アクセス管理者が当該特定利用を誰にでも認めている場合には、アクセス制御機能による特定利用の制限はない、と判断している。しかし、プログラムの瑕疵や設定上の不備があるため、識別符号を入力する以外の方法によっても特定利用ができる場合には、アクセス制御機能に該当し得る、と判示している。

53 児童ポルノのURL記載
大阪高裁平成21年10月23日判決

根拠法条：児童ポルノ法7条6項
参考文献：判時2166号

ポイント　児童ポルノウェブページへの誘引

事案概要

　Xは、「奇跡を呼ぶ掲示板秘密の入口」と称するインターネット上のホームページを開設し、運営管理していた。Xは、不特定多数のインターネット利用者に、児童ポルノ画像閲覧が可能な状態を設定しようと企てた。その方法として、別人がインターネット掲示板上で児童ポルノ画像データを記憶・蔵置させていたことを利用し、上記ホームページ上に文字列を記載した上、「漢字は英単語に、カタカナはそのまま英語に、漢数字は普通の数字に直してください」と付記することによって、児童ポルノ画像データの所在を特定する識別番号（URL）を明らかにした。これにより、不特定多数のインターネット利用者が、同識別番号をインターネット上に入力して、電話回線等を使用してインターネットに接続すれば、直ちに児童ポルノ画像の閲覧が可能な状況が設定された。

　Xは、児童ポルノの公然陳列罪で起訴された。1審は、Xを有罪（懲役8月・執行猶予3年、罰金30万円）とした。Xは控訴し、本件行為は児童ポルノの公然陳列行為には当たらない、などと主張した。

判決要旨　控訴棄却　上告の後に上告棄却

　他人がウェブページに掲載した児童ポルノのURLを明らかにする情報を他のウェブページに掲載する行為は、当該ウェブページの閲覧者が、その情報を用いれば特段複雑困難な操作を経ることなく当該児童ポルノを閲覧することができ、その行為又はそれに付随する行為が、全体としてその閲覧者に対して当該児童ポルノの閲覧を積極的に誘引するものである場合には、当該

児童ポルノが特定のウェブページに掲載されていることさえ知らなかった不特定多数の者に対しても、その存在を知らしめるとともに、その閲覧を容易にするもので、新たな法益侵害の危険性という点においても、行為態様の類似性という点においても、自らウェブページに児童ポルノを掲載したのと同視することができるのであるから、児童ポルノ公然陳列に該当する。

　本件についてみると、「奇跡を呼ぶ掲示板秘密の入口」なるウェブサイトにおいて、本件児童ポルノを閲覧するための方法は、「正会員登録のご案内」と題するウェブページを開き、そこに記載された本件ＵＲＬを改変した文字列について、カタカナと括弧符号からなる「（ビービーエス）」の部分を「ｂｂｓ」と置き換えた上で、その文字列をＵＲＬとしてウェブブラウザのアドレスバーに入力して実行するというもので、それについて特段複雑困難な操作を要しない。さらに、上記ウェブサイトは児童ポルノを好む者らを主たる対象とするものであり、ウェブページの記載は、児童ポルノを好む閲覧者に対して、本件児童ポルノの閲覧を積極的に誘引するものである。

解説

　児童ポルノ法7条6項にいう「公然と陳列した」とは、児童ポルノの内容を不特定又は多数の者が認識できる状態に置くことをいい、児童ポルノの内容を、特段の行為を要することなく直ちに認識できる状態にすることまでは要しない、と解されている。

　本件では、既に第三者によってホームページ上に公然陳列されている児童ポルノの所在場所について、その情報を提供したものであり、アクセス可能性を示すのみで、「公然陳列」とは解されない、とも考え得る。しかし、本判決は、法益侵害の危険性においても、行為態様の類似性においても、自ら児童ポルノを掲載したのと同視することができ、児童ポルノ公然陳列に該当する、と判断した。

豆知識㉛　ＵＲＬ

　ＵＲＬとは、uniform resource locator の略で、インターネットにおける情報の「住所」に当たり、情報資源の場所を指定する文字列。この文字列で表された情報の場所は、唯一となっている。

54 ウィニー公開者の責任

最高裁平成23年12月19日決定

> 根拠法条：刑法62条1項、著作権法23条、119条
> 参考文献：判タ1366号

|ポ|イ|ン|ト| ファイル共有ソフトの幇助犯の成否

|事|案|概|要|

　Rは、ファイル共有ソフト「ウィニー（Winny）」を開発し、その改良を繰り返しながら順次公開し、不特定多数の者に提供していた。これを入手した正犯者2名が、ウィニーを用いて、著作権法違反の犯行を行った。

　Rは、著作権法違反の幇助犯として起訴された。1審は、ウィニーが著作権侵害の態様で広く利用されていた当時の状況などに照らすと、公開、提供行為は著作権侵害の幇助犯となるとして、Rを有罪（罰金150万円）とした。

　2審は、Rは、ウィニーを利用して著作権侵害をする者が出る可能性は認識していたが、それ以上に違法行為の用途に勧めたものでないため、幇助犯は成立しないとして、Rを無罪とした。検察官が上告した。

|決|定|要|旨| 上告棄却

　新たに開発されるソフトには、社会的に幅広い評価があり得る一方で、その開発には迅速性が要求されることも考慮すれば、かかるソフトの開発行為に対する過度の萎縮効果を生じさせないためにも、単に他人の著作権侵害に利用される一般的可能性があり、それを提供者において認識、認容しつつ、当該ソフトの公開、提供をし、それを用いて著作権侵害が行われたというだけで、直ちに著作権侵害の幇助行為に当たる、と解すべきでない。

　かかるソフトの提供行為について幇助犯が成立するためには、一般的可能性を超える具体的な侵害利用状況が必要であり、また、そのことを提供者においても、認識、認容していることを要する。

ソフトの提供者において、当該ソフトを利用して現に行われようとしている具体的な著作権侵害を認識、認容しながら、その公開、提供を行い、実際に著作権侵害が行われた場合や、当該ソフトの性質、その客観的利用状況、提供方法などに照らし、同ソフトを入手する者のうち、例外的とはいえない範囲の者が、同ソフトを著作権侵害に利用する蓋然性が高いと認められる場合で、提供者もそのことを認識、認容しながらソフトの公開、提供を行い、実際に著作権侵害（正犯行為）が行われたときに限り、幇助行為に当たると解する。

解 説

　刑法62条1項の従犯とは、他人の犯罪に加功する意思をもって、有形、無形の方法により、これを幇助して他人の犯罪を容易ならしむるものである。幇助犯は、他人の犯罪を容易ならしめる行為を認識、認容しつつ行い、実際に正犯行為が行われることによって成立する。

　最高裁は、本決定において、ファイル共有ソフト「ウィニー」の製作者について、例外的とはいえない範囲の者が、それを著作権侵害に利用する蓋然性が高いことを、認識、認容していたとは認められないため、故意を欠くとして、著作権法違反の幇助犯は成立しない、と判断した。

豆知識㉜　ファイル共有ソフト

　インターネット上で、不特定多数のユーザとファイルのやり取りをするためのソフトウェアをいう。これを介して、音楽、映像、ゲームソフトなどの著作物が無断でやり取りされ、大きな問題となっている。このソフトには、P2Pという技術が使用されている。P2Pでは、サーバを経由せずに、クライアント同士でファイルのやり取りが可能である。

55 海外サーバからのデータ送信
東京高裁平成25年3月15日判決

> 根拠法条：刑法1条1項、175条1項後段、2項
> 参考文献：判タ1407号

ポイント 海外サーバ経由のわいせつ動画送信

事案概要

　Sは、共犯者らと共謀して、あらかじめ米国内に設置されたサーバコンピュータに、わいせつな動画データファイルを記録・保存させた。そして、不特定の者が、インターネット上の動画配信サイトを利用して、サーバにアクセスすると、同人のパソコンにデータファイルを送信させ、再生・閲覧が可能な状況を設定させた。さらに、Sは、DVD20枚に、わいせつな動画データファイルを記録した電磁的記録等を保管した。

　Sは、わいせつ電磁的記録等送信頒布（刑法175条1項後段）及びわいせつ電磁的記録有償頒布目的保管（刑法175条2項）で起訴された。1審は、Sを有罪とした。Sが控訴し、顧客が配信サイトを利用してサーバにアクセスしてダウンロードする（自動ダウンロード）場合には、電気通信の送信行為や頒布行為がなく、違法性はない、などと主張した。

判決要旨 控訴棄却

　刑法175条1項後段及び2項所定の「頒布」とは、電気通信の送信により、電磁的記録を不特定又は多数の者の記録媒体に存在させることをいう。その送信方法を特定のものに限定すべき理由はなく、送信方法としては、サイトの運営者側において、自らコンピュータ等を操作して送信を行うものだけでなく、あらかじめ自動ダウンロードのシステムを構築した上で、サーバにアクセスした顧客の操作を介して、電磁的記録を当該顧客の記録媒体に存在させるものも含まれる。

　刑法1条1項にいう「日本国内において罪を犯した」とは、犯罪を構成する事実の全部又は一部が、日本国内にあることをいう。本件は、日本国内にあるパソコンに、動画データファイル等を送信して、わいせつな電磁的記録を頒布したものであるから、刑法175条1項後段の罪を構成する事実の一部が、日本国内にあることは明らかである。

解説

　インターネット上のサイトが運営されている国において、無修正動画等に関する規制がなく、又はその規制が日本と異なっている場合でも、日本国内でダウンロードされれば、刑法175条1項後段により処罰されるものとすれば、各国の規制との衝突を生じるとの意見もある。

　しかしながら、複数の国に関連する犯罪について、それらの国の規制内容が異なることがあることは、やむを得ないところである、と解される。

コンピュータウイルス罪

56

千葉地裁平成25年11月8日判決

> 根拠法条：刑法168条の2、168条の3、特定電子メール法5条、34条
> 参考文献：裁判所 web

| ポ | イ | ン | ト | 　特定電子メールとコンピュータウイルス |

| 事 | 案 | 概 | 要 |

　Yは、広告代理業等を営む甲社代表取締役である。Yは、迷惑メールを送信する目的で、スマートフォンに記録された電話帳データを抜き取るウイルスプログラムを米国内のサーバに保管し、これをダウンロードさせた。

　Yは、特定電子メール法違反、不正指令電磁的記録取得等、不正指令電磁的記録供用などで起訴された。

| 判 | 決 | 要 | 旨 | 　**有罪（懲役3年・執行猶予5年、罰金150万円）**

　Yは、甲社従業員と共謀の上、その業務に関し、パソコンを使用し、不正入手したHの電子メールアドレスを送信のために用いて、一般財団法人乙協会が使用する電子メールアドレスに宛て、甲社に業務委託した会社の営業につき広告を行うための手段として、電子メール1通の送信を行った。

　Yは、甲社従業員と共謀の上、正当な理由がないのに、人の電子計算機における実行の用に供する目的で、パソコンを使用し、実行者の意図に基づかずに、携帯電話機に記録された電話帳データを、米国フロリダ州内に設置されたサーバコンピュータに送信する指令を与える電磁的記録であるウイルスプログラムを、同サーバコンピュータの記憶装置にアップロードして、アクセス及びダウンロード可能な状態で、蔵置した。

　さらに、3回にわたり、2名が使用する携帯電話機に、上記サーバコンピュータからウイルスプログラムをダウンロードさせ、人が電子計算機を使用する際して、その意図に反する動作をさせるべき不正な指令を与える電磁的記

録を保管するとともに、人の電子計算機における実行の用に供した。

|解|説|

　コンピュータウイルスに対処するため、平成23年に刑法一部改正が行われ、コンピュータウイルスに関する罪（不正指令電磁的記録に関する罪）が、新設された。また、情報化社会に伴う迷惑メールの拡散に対処するため、受信拒否者への広告宣伝メールの送信等を規制する、特定電子メール法も制定されている。

　本件では、特定電子メール法の規制を免れて、広告宣伝メールの送信を計画した者らが、スマートフォンに記録された電話帳データを抜き取るためのコンピュータウイルスのプログラムを、特定のコンピュータに保管させ、それをダウンロードさせた者のデータを入手しようとした、悪質なコンピュータ犯罪である。

豆知識㉝　コンピュータウイルス

　他人のコンピュータに勝手に入り込んで、その中のプログラムに寄生して、自己の複製を作成するなどの悪さをするプログラムをいう。主なコンピュータウイルスとしては、トロイの木馬型（無害のプログラム等であるかのように見せかけてインストールさせて、実際にはデータの破壊等を行うもの）、ワーム型（他のプログラムに寄生せずに、自己増殖するプログラム）、スパイウェア型（対象のコンピュータ使用者の知らないうちにインストールされて、そのコンピュータにファイルされたデータを収集するもの）などがある。これらは、コンピュータが発達した高度情報化社会にとって、大きな脅威となっている。

57 ネット異性紹介事業の規制
最高裁平成26年1月16日判決

> 根拠法条：憲法21条1項、出会い系サイト規制法7条1項、32条
> 参考文献：判タ1402号

ポ イ ン ト **出会い系サイト規制の合憲性**

事 案 概 要

　Wは、インターネット上で出会い系サイトを運営して異性紹介事業を行ったが、その事業に関して、公安委員会への届出を行わなかった。

　Wは、出会い系サイト規制法違反で起訴された。1審及び2審は、Wを有罪（罰金50万円）とした。Wは上告し、インターネット異性紹介事業の届出制度は憲法違反である、などと主張した。

判 決 要 旨 **上告棄却**

　本法は、インターネット異性紹介事業の利用に起因する児童買春その他の犯罪から、児童（18歳に満たない者）を保護し、もって児童の健全な育成に資することを、目的としている。思慮分別が一般に未熟である児童をこのような犯罪から保護し、その健全な育成を図ることは、社会にとって重要な利益であり、本法の目的は正当である。同事業の利用に起因する児童買春その他の犯罪が多発している状況を踏まえると、それらの犯罪から児童を保護するために、同事業について規制を必要とする程度は高い。

　本件届出制度は、インターネットを利用してなされる表現に関し、そこに含まれる情報の性質に着目して、事業者に届出義務を課すものではあるが、その届出事項の内容は、限定されたものである。また、届出自体により、事業者によるウェブサイトへの説明文言の記載や、同事業利用者による書き込みの内容が、制約されるものではない。他の義務規定を併せみても、事業者が、児童による利用防止のための措置等をとりつつ、インターネット異性紹

介事業を運営することは制約されず、児童以外の者が、同事業を利用し児童
との性交等や異性交際の誘引に関わらない書き込みをすることも、制約され
ない。また、本法が無届けで同事業を行うことについて罰則を定めているこ
とも、届出義務の履行を担保する上で合理的なことであり、罰則の内容も相
当なものである。

　以上を踏まえると、本件届出制度は、正当な立法目的を達成するための手
段として、必要かつ合理的なものというべきであって、憲法21条１項に違反
するものではない。

解説

　出会い系サイト規制法においては、サイト運営者には、事業の届出、利用者が
児童でないことの確認、禁止誘引行為に係る書き込みの削除等の義務が課せられ
ている。また、事業者はフィルタリングのサービスの提供に努めることとされ、
児童の保護者はその利用に努めることとされている。

　最高裁は、本判決において、出会い系サイト規制法に規定された届出義務に関
して、正当な立法目的を達成するための手段として、必要かつ合理的なものであ
り、憲法に違反するものでない、と判示した。

豆知識㉞　　出会い系サイト

　インターネット上の電子掲示板を通じて、面識のない異性との交際を希望する等の
情報を交換する仕組みのことをいう。情報を閲覧した異性交際希望者は、電子メール
等を利用して、相互に連絡できる。出会い系サイトは、ネット情報のみで男女の出会
いのきっかけとなり、青少年にとって犯罪被害に遭う危険性が大きいため、法律によっ
て必要な規制が行われている。

58 Ｂ－ＣＡＳカードの不正改変

大阪高裁平成26年5月22日判決

> 根拠法条：刑法161条の2
> 参考文献：裁判所 web

ポ　イ　ン　ト　　**衛星放送利用カードの不正改変**

事　案　概　要

　Ｂ－ＣＡＳカードは、Ｂ－ＣＡＳ社（ビーエス・コンディショナルアクセスシステムズ）等が開発したＩＣカードであって、これにより、「暗号化した番組の映像・音声等を受信して視聴すること」が可能となる。Ｂ－ＣＡＳカードのメモリ部分には、衛星放送の視聴可能期間等の情報が記録されており、衛星放送の映像・音声等の信号は、スクランブルがかけられて暗号化されている。Ｂ－ＣＡＳカードの利用者は、Ｂ－ＣＡＳ社と貸与契約を結んで利用するが、カードの改変等は禁止されている。有料衛星放送の事業者は、Ｂ－ＣＡＳカードにより、衛星放送の視聴の可否を管理し、自社の衛星放送が視聴可能とした利用者から視聴料を徴収して、収益を上げている。

　Ｎは、Ｂ－ＣＡＳカードを、事業者の許諾を得ずに改変して、それまでは受信不能であった有料衛星放送を、受信可能とした。Ｎは、私電磁的記録不正作出及び同供用で起訴された。1審はＮを有罪とした。Ｎが控訴した。

判　決　要　旨　　**控訴棄却**

　　Ｎが本件Ｂ－ＣＡＳカードに記録された電磁的記録を改変した行為は、Ｎが受信権限のない衛星放送を受信して視聴するため、電磁的記録をあたかもＮに当該受信権限があるかのように当該衛星放送事業者の許諾を得ることなく書き換えるものであるから、同事業者の事務処理を誤らせる目的で、同事業者の事務処理の用に供している視聴契約に基づく、受信権限に関する電磁的記録の不正作出に当たる。

　Nが、改変した電磁的記録を記録したＢ－ＣＡＳカードを、テレビに接続された衛星放送受信可能なチューナー内蔵レコーダーに挿入した行為は、受信権限のない衛星放送を受信して視聴するため、あたかもNに当該受信権限があるかのように書き換えられた事業者との視聴契約に基づく受信権限に関する電磁的記録を、同事業者の事務処理の用に供したこと（供用）に当たる。

解 説

　Ｂ－ＣＡＳカードは、衛星放送事業者と視聴申込者との間で交わされた、当該衛星放送の視聴契約という権利・義務の発生や存続、消滅等に関する電磁的記録である。衛星放送事業者は、Ｂ－ＣＡＳカードを用いて衛星放送の視聴の可否を管理するとともに、対価として視聴料を徴収している。

　これらのことから、Ｂ－ＣＡＳカードに記録された電磁的記録は、人の事務処理の用に供する権利、義務に関する電磁的記録に該当する。これを改変する行為は、電磁的記録を不正に作ったこと（不正作出）に該当し、改変したＢ－ＣＡＳカードを衛星放送受信可能なチューナー内蔵レコーダーに挿入する行為は、私電磁的記録不正供用に該当する。

わいせつ電磁的記録の頒布

59

最高裁平成26年11月25日決定

根拠法条：刑法175条
参考文献：判時2251号

ポイント 顧客によるダウンロードとサーバ設置者の罪責

事案概要

　Qは、インターネット上のアダルトサイト動画配信サイトの運営に参画し、本件当時、D社代表者として、従業員らと共に、わいせつな動画やゲームの企画、製作、顧客からのクレーム処理等に当たっていた。他方、共犯者Fは、アメリカに在住し、D社が製作したわいせつ動画等を米国国内に設置されたサーバコンピュータにアップロードするなどして、動画配信サイトを運営していた。

　米国国内に設置されたサーバコンピュータにより、日本国内の顧客を含む不特定多数の者に対し、D社が撮影、編集して完成させたわいせつなアダルト映像の記録は、インターネットを利用して有料で配信されていた。この配信サイトのウェブページには、入会案内、作品紹介を含めて日本語表記のものがあり、日本国内からアクセスして、有償でダウンロードすることが可能な仕組みとなっていた。さらに、Qは、データが破壊された場合にも、インターネットで販売したり別のメディアで二次利用したりできるような目的で、DVD20枚にわいせつな画像を記録したものを保管していた。

　Qは、わいせつ電磁的記録等送信頒布等の罪で起訴された。1審及び2審は、Qを有罪とした。Qは上告し、データのダウンロードは顧客の行為によるものであり、Qらの頒布行為には当たらない、などと主張した。

決定要旨 上告棄却

　刑法175条1項後段にいう「頒布」とは、不特定又は多数の者の記録媒体上に、電磁的記録その他の記録を存在するに至らしめることをいう。

　Ｑらが運営する配信サイトには、インターネットを介したダウンロード操作に応じて、自動的にデータを送信する機能が、備え付けられていた。顧客による操作は、Ｑらが意図していた送信の契機となるものにすぎず、Ｑらはこれに応じて、サーバコンピュータから顧客のパーソナルコンピュータへデータを送信した。

　不特定の者である顧客によるダウンロード操作を契機とするものであっても、その操作に応じて自動的にデータを送信する機能を備えた配信サイトを利用して送信する方法によって、わいせつな動画等のデータファイルを当該顧客のパーソナルコンピュータ等の記録媒体上に記録、保存させることは、刑法175条1項後段にいう、わいせつな電磁的記録の「頒布」に当たる。

解説

　本件犯人らの行為は、日本国内の顧客に、外国のサーバコンピュータからデータファイルを各自のパソコンにダウンロードさせて、わいせつ動画等のデータファイルを取得させるものである。そのため、弁護人は、顧客によるダウンロードは、顧客による受信であってサーバ側送信ではないから、刑法175条1項後段にいうわいせつな電磁的記録を「頒布」したとはいえない、と主張した。

　これに対し、最高裁は、本決定において、顧客によるダウンロードは、サイト運営側が当初から計画したもので、わいせつな電磁的記録の送信を行うための契機にほかならないなどとして、刑法175条1項のわいせつな電磁的記録頒布の罪が成立する、と判断した。

豆知識㉟　フィルタリング

　フィルタリングとは、有害サイトへのアクセスを制限するサービスである。携帯電話事業者やプロバイダ等に対して必要な手続を行うと、違法・有害な出会い系サイトやアダルトサイト等を遮断することができる。

60 パソコン遠隔操作事件

東京地裁平成27年2月4日判決

根拠法条：刑法222条、233条、234条、ハイジャック防止法4条
参考文献：ＴＫＣ法律情報データベース

ポ イ ン ト　　**特異悪質なサイバー犯罪**

事 案 概 要

　Ｇは、小学校の業務を妨害しようと考え、市の管理するホームページに向けて、小学校児童を襲撃するという脅迫文を自動送信するプログラムを作成した。そして、そのプログラムに自動接続させる短縮ＵＲＬをインターネット掲示板に投稿し、同投稿を閲覧した第三者にクリックさせ、その第三者のパソコンを介して、脅迫文を自動送信させた。

　また、Ｇは、当該パソコン使用者が認識できない状態で自動的にインターネット掲示板に接続し、その掲示板に書き込まれた指令を実行する不正プログラムを作成し、インターネットを介して、複数のパソコンに感染させた。Ｇは、その不正プログラムを用いて、航空機の正常な運行を妨害しようと考え、オウム真理教教組らを釈放しなければ航空機に持ち込んだ爆弾を爆発させる、との犯罪予告文を作成し送信させ、航空機を引き返させた。さらに、Ｇは同様の犯行手口で、児童を無差別に殺傷する、といった各種の犯罪予告文を送信させた。

　Ｇは、業務妨害、脅迫、ハイジャック防止法違反等で起訴された。公判において、Ｇは犯行を否認し、保釈後別に真犯人が存在するかのような偽装工作を行って、河川敷に埋めたスマートフォンを利用して報道機関等にメール送信していた。

判 決 要 旨　　**有罪（懲役8年）**

> 　Ｇは、脆弱性を有する一部のウェブサイトを狙って、犯罪予告文を送信させる簡易プログラムへ自動接続させる短縮ＵＲＬを、ウェブサイトへのリンクに見せかけてインターネット上の掲示板に掲示し、これを第三者にクリッ

クさせて、知らない間に犯罪予告文を送信させた。この簡易プログラムには、複数人のパソコンから同一内容の犯罪予告文が送信されることにより、犯行の仕組みが発覚するのを防ぐため、二度目以降にクリックした者からは、犯罪予告文が送信されないような工夫がされていた。

　Gは、脆弱性を有するウェブサイトが少ないことから、ウェブサイトの脆弱性の有無に左右されない別の方法により、第三者のパソコンを遠隔操作して犯罪予告文を送信しようと考え、プログラムの作成や動作実験等を重ねた末、第三者のパソコンを遠隔操作する機能を有するプログラムを作り上げた。そのインストールプログラムを、無害で有用なプログラムに見せかけて、インターネット上の掲示板に掲示し、見ず知らずの第三者にダウンロードさせ、その者らの知らない間に、パソコンを感染させた。そして、感染したパソコンを遠隔操作して、次々と犯罪予告文を送信させる犯行を重ねた。

　Gは、これらの犯行に際しては、自らの犯跡を隠すため、接続経路を秘匿する機能を有するネットワークを使用し、遠隔操作指令を暗号化するなどの工夫をしたほか、遠隔操作により犯罪予告文を送信した後、その発覚を防ぐため、更に遠隔操作によりプログラム自体を消去する指示を送るなどしていた。

| 解 | 説 |

　本件は、コンピュータやインターネット等に関する高度な知識・技術を有する犯人が、自ら作成した他人のパソコンを遠隔操作する不正プログラムを用いて、見ず知らずの第三者のパソコンに指令を送って犯罪予告文を送信させ、約2か月半の間に合計9件にわたり、運行中の航空機の進路を変更させたり、教育機関や店舗等の各種イベントの業務を妨害するなどした事案である。

　本件犯人は、自らがコンピュータやインターネット等に関する高度な知識・技術を有しているとの自負から、その腕試しをしたいと考え、また過去に実刑判決を受けて服役した経験から、国家権力に個人的恨みを抱き、パソコンを遠隔操作された無実の第三者を誤認逮捕・起訴させることにより、捜査機関を出し抜いてやりたいなどと考え、本件犯行に及んでいた。

61 「写真箱」事件

東京高裁平成30年2月6日判決

根拠法条：児童ポルノ法7条6項
参考文献：TKC法律情報データベース

ポイント　スマホ共有アプリ管理者の罪責

事案概要

　Vが経営するO社は、平成25年9月頃、Fアプリを購入した。Fアプリは、ユーザーが「合言葉」を設定して画像等をアップロードすると、これをサーバーコンピュータに記憶、蔵置させることができ、「合言葉」を知っているユーザーは、それを入力して、有料又は無料で画像等をダウンロードすることができた。有料ダウンロードの際には、アプリ管理会社で購入した課金アイテムを使用する必要があり、これが運営会社の売上げとなっていた。

　Fアプリにはわいせつ画像等の違法な画像等が投稿されることもあり、管理会社は、そのような場合、違法な画像等を削除し、違法な画像等をアップロードしたユーザーに対して利用禁止措置を取ることなどが求められていた。しかし、Vはこれらの措置をほとんど取らず、O社の売上げは増加していた。

　Vは、平成26年8月頃、Fアプリと同様の機能を有する「写真箱」というアプリを立ち上げ、わいせつ画像等をそのアプリに誘導し、「写真箱」アプリでは画像等のダウンロードした際の課金により一層の売上げを図ることとした。「写真箱」アプリにおいても、削除や利用禁止措置等はほとんど取られなかった。

　Vは、児童ポルノ法違反（児童ポルノ公然陳列）等で起訴された。1審は、Vを有罪（懲役2年6月・執行猶予4年、罰金400万円）とした。Vが控訴した。

判決要旨　控訴棄却

　Vらは、わいせつ画像を公然と陳列することについて、これをアップロードしたユーザーと共謀したとは認められないが、当裁判所は、Vらの行為は、

それ自体、わいせつ画像等の公然陳列正犯行為に当たると判断した。

　Ｖらは、「写真箱」を立ち上げた当初から、Ｆアプリとの差別化を図るため、わいせつ画像等を「写真箱」に誘導する方策を採っていたものであり、この結果、「写真箱」はわいせつ画像等に特化したアプリとまではいえないにしても、これに準じる状態を呈していたといえるのであり、「写真箱」には相当数のわいせつ画像等が、相当に高い割合でアップロードされていた。

　Ｖらは、「写真箱」を運営、管理することにより、ユーザーがアップロードした画像等を、その中に相当数のわいせつ画像等が含まれていることを知りながら、これを受入れてサーバーに記憶、蔵置させた上、Ｏ社が運営していた掲示板等により合言葉が容易に入手し得ることと相まって、不特定多数のユーザーがこれらのわいせつ画像等をダウンロードし得る状態に置き、その一部を有償でダウンロードさせたものであり、概括的、未必的故意をもってわいせつ画像等を公然と陳列した場合に当たる。

解説

　本判決では、インターネット上に「写真箱」と称する画像共有の機能を有するデータ保管庫を開設し、運営、管理していた犯人らの行為について、犯人らとわいせつ画像等の投稿者らとの間には、わいせつ画像等を公然と陳列することについての意思の連絡は欠けるため、投稿者らとの共同正犯を否定したものの、犯人らの行為は、それ自体、わいせつ画像等の公然陳列の正犯行為に当たると判断した。

　犯人らは、確かに、アプリ管理会社からリジェクト（停止）された際や、警察から照会があった際等には、わいせつ画像等やこれを類推させる合言葉を積極的に削除することがあったが、これも一時的な行動であり、事態が収束すれば、ユーザー等から通報のあったものについて、消極的に削除等の対応をするにとどまっていた。これは、わいせつ画像等を積極的に削除すると、収入減に直結することになったためと考えられる。

営業秘密の不正複製

最高裁平成30年12月 3 日決定

> 根拠法条：不正競争防止法21条 1 項 3 号
> 参考文献：判時2407号

ポイント 不正競争防止法上の「不正の利益を得る目的」

事案概要

　Mは、A自動車会社（A社）で商品企画業務に従事していたが、B自動車会社（B社）への就職が決まり、平成25年 7 月31日付けでA社を退職することとなった。Mは、B社において海外で車両の開発及び企画等の業務を行うことが予定されていた。

　Mは、A社の営業秘密データが保存されているサーバーコンピュータへアクセスするためのID及びパスワードを付与されていた。また、Mは、A社からパーソナルコンピュータ（会社パソコン）を貸与され、会社パソコンを持ち出して社外から社内ネットワークに接続することの許可を受けていた。ただし、私物の外部記録媒体を業務で使用することや会社情報を私物パソコン等に保存することは禁止されていた。

　Mは、①平成25年 7 月16日、自宅において、貸与されていた会社パソコンを使用して、A社のサーバーコンピュータにアクセスし、営業秘密であるデータファイルが含まれたフォルダを自己所有のハードディスクに転送させてデータの複製を作成し、その後、私物パソコンにフォルダを複製した。さらに、② 7 月27日、A社内において、会社パソコンを使用してA社のサーバーコンピュータにアクセスし、営業秘密であるデータファイルが含まれたフォルダを自己所有のハードディスクに転送させて、データの複製を作成した。

　Mは、不正競争防止法違反で起訴された。 1 審及び 2 審は、Mを有罪（懲役 1 年・執行猶予 3 年）とした。Mは上告し、データ複製の作成は業務関係データの整理を目的としたもので、「不正の利益を得る目的」はなかったなどと主張した。

決定要旨　　上告棄却

　所論は、①の複製について、業務関係データの整理を目的としていた旨を
いうが、Mが、複製した各データファイルを用いてA社の業務を遂行した事
実はない上、会社パソコンの社外利用等の許可を受け、現に同月16日にも自
宅に会社パソコンを持ち帰っていたMが、A社の業務遂行のためにあえて会
社パソコンから私物のハードディスクや私物パソコンに①の各データファイ
ルを複製する必要性も合理性も見いだせないこと等からすれば、①の複製の
作成は、A社の業務遂行以外の目的によるものと認められる。

　また、②の複製については、最終出社日の翌日にMがA社の業務を遂行す
る必要がなかったことは明らかであるから、A社の業務遂行以外の目的によ
るものと認められる。なお、フォルダの中に「宴会写真」フォルダ在中の写
真等、所論がいう記念写真となり得る画像データが含まれているものの、そ
の数は全体の中ではごく一部で、自動車の商品企画等に関するデータファイ
ルの数が相当多数を占める上、Mは2日前にも同じフォルダの複製を試みる
など、フォルダ全体の複製にこだわり、記念写真となり得る画像データを選
別しようとしていないことに照らし、②の複製の作成が記念写真の回収のみ
を目的としたものとみることはできない。

解説

　本件では、犯人が2度目の複製を行った直後に勤務先にデータ複製が発覚した。
このため、不正競争防止法上の「不正の利益を得る目的」が認められるかが争点
となった。

　最高裁は、本決定において、本件事実関係を基に営業秘密侵害罪の成立を認め
た。すなわち、犯人は、勤務先を退職し同業他社へ転職する直前に、勤務先の営
業秘密であるデータファイルを私物ハードディスクに複製していた。当該複製は
勤務先の業務遂行の目的によるものではなく、その他正当な目的の存在をうかが
わせる事情もなかった。このため、当該複製が犯人自身又は転職先その他の第三
者のために退職後に利用することを目的としたものと推認でき、犯人には「不正
の利益を得る目的」があったといえると判断された。

位置情報アプリの不正設定

63

徳島地裁平成30年12月21日判決

根拠法条：刑法159条1項、161条1項、168条の2
参考文献：WJ

ポイント　スマートフォン位置情報の不正取得

事案概要

　本件で使用されたアプリ f は、インターネット回線を通じて、インストールされたスマートフォンに対して位置情報取得等の指令を与えるプログラムで、紛失したスマートフォンを探す際などに使用されていた。

　Tは、平成27年9月頃、いわゆる出会い系サイトを通じてCと知り合い、その頃から交際するようになった。Tは、同年11月、徳島市内のホテルにおいて、Cの使用するスマートフォンにアプリ f を秘密裏にインストールした上、遠隔操作を行って同プログラムが実行可能な設定を行った（第1の罪）。

　また、Tは、平成28年2月、スマートフォンの位置情報等についてインターネット回線を通じて特定のサーバーコンピュータに送信するなどの指令である電磁的記録mを作成し、Cのスマートフォンに秘密裏にインストールした（第2の罪）。

　さらに、Tは、平成29年5月頃、自宅で、パソコン等を用いて、C名義の借用書1枚を偽造し、その写し1枚を作成し、簡易裁判所に提出して行使した（第3の罪）。

　Tは、不正指令電磁的記録供用・同作成（第1、第2の罪）、有印私文書偽造・同行使（第3の罪）で起訴された。

判決要旨　有罪（懲役2年・執行猶予4年）

　Cの位置情報という重要なプライバシーの侵害を可能とする不正なプログラムを、市販のアプリケーションソフトを偽装するなどして密かに作成ないし供用した第1、第2の各犯行は、携帯電話機のプログラムに対する社会の

信用を害するとともに、Cに大きな不安を与えた陰湿なもので、取得した情報の一部をインターネット掲示板に流出させたことも見過ごせない。

　第3の偽造行為も、Cの筆跡を練習して借用書やその写しを偽造した周到なもので、そのような偽造文書を証拠として裁判所に提出するという行使の態様も、相手方であるCに不当な負担を与え、司法制度に悪影響を及ぼしかねない悪質なものである。

解説

　本件は、犯人が、被害者の使用するスマートフォンに位置情報取得等の不正な指令を与えるプログラムをインストールするなどし、同様の機能を有する別のプログラムを作成して再度スマートフォンにインストールするなどし、さらに、被害者名義の借用書を偽造し、その写しを裁判所に提出して行使したという不正指令電磁的記録供用、同作成、有印私文書偽造及び同行使の事案である。

　本件犯人は、交際相手のスマートフォンに位置情報等が取得できるアプリを密かにインストールして遠隔操作などを行い、その位置情報や電話番号、SIMカードのシリアルナンバーを取得して自己のパソコンに保存した上、取得した位置情報を基に交際相手の外出先をインターネットの掲示板サイトに書き込むなどしていた。

　本件被害発覚の経緯は、被害者がスマートフォンの調子が悪くなったため携帯電話ショップを訪れて調べてもらい、遠隔操作アプリがインストールされた形跡が発見されたことによる。

コインハイブ事件

64

東京高裁令和2年2月7日判決

> 根拠法条：刑法168条の2、168条の3
> 参考文献：判タ1476号

ポイント　閲覧者の知らない間のマイニング

事案概要

　Hは、音楽に関する情報を提供するウェブサイトAを運営していた。Hは、ウェブサイトの収入源として、ウェブサイト閲覧者の電子計算機にマイニングさせるという手法を知り、マイニングに関するサービスを提供しているコインハイブというウェブサービスに登録し、Aを閲覧した者にマイニングをさせる機能を有するプログラムコードをファイル内に保管した。

　Hは、不正指令電磁的記録保管で略式起訴され、罰金10万円の略式命令が出された。その後、Hは、正式裁判を要求した。

　1審は、閲覧者がプログラム機能を認識できないことから反意図性を肯定したが、様々な観点から不正性を検討し、社会的に許容されていないとは断定することができないなどと判断して、不正電磁的記録該当性を否定して、Hを無罪とした。検察官が控訴した。

　なお、本件のマイニングとは、電子計算機に仮想通貨の取引履歴の承認作業等を行わせるものであり、演算が成功すると報酬として仮想通貨の取得が可能となるものである。報酬が発生した場合、コインハイブ側に3割、登録者のHに7割が分配される予定で、閲覧者には電子計算機の機能を提供してもその報酬は全く配分されない仕組みであった。

判決要旨　原判決破棄・有罪（罰金10万円）

> 　刑法168条の2以下の規定は、一般的なプログラム使用者の意に反する反意図性のあるプログラムのうち、不正な指令を与えるものを規制対象として

いる。

　これは、一般的なプログラム使用者の意に反するプログラムであっても、使用者として想定される者における当該プログラムを使用すること自体に関する利害得失や、プログラム使用者に生じ得る不利益に対する注意喚起の有無などを考慮した場合、プログラムに対する信頼保護という観点や、電子計算機による適正な情報処理という観点から見て、当該プログラムが社会的に許容されることがあるので、そのような場合を規制の対象から除外する趣旨である。

　本件プログラムコードは、その使用によって、プログラム使用者（閲覧者）に利益を生じさせない一方で、知らないうちに電子計算機の機能を提供させるものであって、一定の不利益を与える類型のプログラムといえる上、その生じる不利益に関する表示等もされていないのであるから、このようなプログラムについて、プログラムに対する信頼保護という観点から社会的に許容すべき点は見当たらない。

解説

　本件は、インターネット上の特定のウェブサイトを閲覧した際に、閲覧者に無断で閲覧者の電子計算機（パソコン）に仮想通貨の取引履歴の承認作業（マイニング）の演算を実行させるプログラムコードをサーバーコンピュータに保管した事案である。

　本件プログラムコードは、ウェブサイト閲覧中に、閲覧者の電子計算機の機能を閲覧者以外の利益のために無断で提供させるものであり、電子計算機による適正な情報処理の観点からも、社会的に許容されるということはできない。

ツイッターによる虚偽の風説流布

65

山形地裁令和2年6月12日判決

根拠法条：刑法233条
参考文献：WJ

ポイント SNSを悪用した偽計業務妨害行為

事案概要

　Tは、山形県内の社交飲食店（キャバクラ）乙の業務を妨害しようと考え、令和2年3月27日午前1時頃から4月5日午後5時53分頃までの間、8回にわたり、自宅において、携帯電話機を使用し、インターネットを介して、ソーシャルネットワーキングサービス「ツイッター」に、「乙にはコロナ感染者がいるからみなさん行かないでくださいねー」などと虚偽の事実を投稿した。そして、それら虚偽の事実を不特定多数の者が閲覧可能な状態にさせ、虚偽の風説を流布して人の業務を妨害した。

　Tは、偽計業務妨害で起訴された。

判決要旨 有罪（懲役10月・執行猶予3年）

　被害店舗においては新型コロナウイルス問題の影響で客足が遠のいていたというのであり、また、多くの人が同問題を心配するとともにその対応のために努力する中で、本件のように新型コロナウイルスの感染者の存在等に関する虚偽の風説をインターネット上で流布するというのは極めて悪質である。

　Tは、悪質な虚偽の風説の流布を、その悪質性を十分に理解せずに行った。このことは、法廷でTがその旨供述するだけでなく、Tが投稿者の身元が容易に特定される手段・態様で本件犯行に及んだことにも表れている。

　自己の行為の悪質性を十分に理解しなかったことについての責任は基本的にはTが負うべきであるが、Tについては簡易鑑定で、知的障害とまでは言えないが境界知能の可能性がある、統合失調症により現実検討能力や判断力、

認知機能にやや問題がある可能性も否定できないとの指摘がなされており、Tに対する非難の程度を検討するに当たっては、このことも考慮する必要がある。

　なお、犯行に至る経緯、動機、当時の精神障害の状態等からTが完全責任能力であったことは明らかに認められる。

解説

　本件は、キャバクラ入店を断られた犯人が、意趣返しで店の業務を妨害しようと考え、インターネットで虚偽の風説を流布した事案である。

　ソーシャルネットワーキングサービス（SNS）とは、インターネット上で人と人とのつながりや交流を楽しむコミュニティ型の会員制サービスである。参加者は、自分の趣味や趣向等を公開することによって、同じ趣味、趣向等を持った人と交流関係を作ったり、コミュニケーションを取ったりすることができる。

　SNSを大別すると、会員同士で情報交換や意見交換を行う交流系のSNS（フェイスブックやツイッター等）、会員同士がメッセージをやり取りすることができるメッセージ系SNS（ライン等）、写真を投稿して交流する写真系SNS（インスタグラム等）、動画を投稿して交流する動画系SNS（ユーチューブ等）がある。

　ツイッターは、短い文言（つぶやき）を投稿して、会員で共有するサービスである。気になる人をフォローすると、その人の投稿（つぶやき）が自らの投稿部分に表示されるようになり、情報発信等に有効な手段となっている。

第5

生活環境事犯

66 悪質な偽装挽肉の販売

札幌地裁平成20年3月19日判決

根拠法条：刑法246条、不正競争防止法2条1項、21条2項
参考文献：裁判所 web

ポイント 専門的知識を悪用した挽肉偽装工作

事案概要

　Wは、畜産食肉卸売業等を目的とする乙社の代表取締役であった。Wは、乙社の業務に関し、不正の目的をもって、牛肉に豚肉、鶏肉、羊肉、鴨肉等の蓄肉を加えるなどして製造した、挽肉及びカット肉（合計約13万8,000kg）を梱包した段ボール箱に「十勝産牛バラ肉」「牛肉ダイヤカット・オーストラリア産」等と印刷されたシールを貼付した。Wは、これらの商品が牛肉のみを原料とする挽肉等であるかのように表記し、食品の品質及び内容について、誤認させるような表示をした。さらに、Wは、これらの挽肉やカット肉を注文に応じて販売し、販売代金合計3,926万円余りを振込入金させた。

　Wは、詐欺及び不正競争防止法違反で起訴された。公判において、Wは、取引業者が求める安い単価に応えるためには牛挽肉等に他の蓄肉を混ぜるほかなく、その要望を断わり難かった、安価で美味しい製品を工夫して供給しようという考えから牛肉以外の蓄肉を混ぜたもので、暴利を得ようとか不正な利益で会社を維持していこうなどとは考えていなかった、などと主張した。

判決要旨 有罪（懲役4年）

　Wは、取引業者や最終的に食品を口にする一般消費者などを何ら顧慮することなく、偽装が容易な挽肉等を利用し、安価な原材料費で多額の売上げを得て、会社及び自己の利益を図ろうとしたもので、その動機は極めて利欲的かつ自己中心的というほかなく、厳しい非難を免れない。

　犯行態様をみても、牛肉に、豚肉、鶏肉、羊肉や鴨肉といった他の蓄肉を

加えるということ自体、その大胆さ、悪質さは際立っており、昨今みられる食品偽装の中でも原産地偽装等の事案とは、一線を画す。また、赤身と脂身を混ぜたり血液製剤を用いたりして色の調整をし、「二度挽き」と称する手法を用いるなどして挽肉に偽装を加え、取引業者による抜き打ち検査の際には、従業員に隠蔽を指示している。しかも、本件偽装表示は、1年余りの間に合計300回以上、本件詐取行為も1年近くの間に合計14回と、いずれも長期間・多数回にわたって繰り返された。

　犯行の結果をみると、偽装表示した牛肉の総量は合計約13万8,000キログラム、だまし取った金員は3,926万円余りと、多量・多額である。そればかりか、本件の発覚を契機として、取引業者にあっては信用が傷つけられ、商品の回収等で多額の損失を被っている。

解│説

　本件犯行は、会社ぐるみで敢行された大規模かつ組織的な犯行であり、特に会社社長である本件首謀者は、長年の経験により培った専門的知識を悪用し、率先して偽装方法を発案し、従業員に具体的に指示していた。また、本件首謀者は、新聞報道により犯行が発覚した後、偽装に使用していた豚の心臓等を工場外に運び出して処分し、罪証隠滅を図るなどしていた。

　さらに、本件首謀者は犯行を主導的に行いながら、取引業者の要望を断わり難かった、工場間取引には表示義務がなかったなどと弁解しており、食品の製造・加工に携わる者として、食の安全に対する規範意識が欠如していた。

豆知識㊱　**誤認惹起行為**

　不正競争防止法では、商品の原産地、内容、製造方法等や、役務（サービス）の内容、用途、数量等について誤認させるような表示をすること等を不正競争行為として規制しており、これを誤認惹起行為と呼んでいる。誤認惹起行為により利益を侵害された者は差止めや損害賠償請求を行うことができ、違反行為には刑事罰が科される。

67 学校給食への偽装肉納入

仙台地裁平成21年2月25日判決

> 根拠法条：刑法246条、不正競争防止法2条1項、21条2項
> 参考文献：裁判所web

ポイント 給食センター向け納入肉の国産への偽装

事案概要

　Lは、食肉、肉加工類の販売等を目的とする丙社の代表取締役であった。平成13年ころに精肉分野でBSE問題が出たため、丙社でも精肉部門の経営方針を見直し、一旦は学校給食関係も国内産の物と価格でやっていくことにした。しかし、国産品の物と価格で教育委員会に見積書を提出しても落札できなかった。そこで、Lは、外国産の肉を使って、入札を取ることにした。

　丙社では、Lの指示の下、教育委員会と締結した学校給食物資売買契約に基づき、給食センターに対して前後27回にわたり、外国産豚肉を加工した下味付き豚肉ロース切身を国産豚肉を使用していると偽って、合計8万6,260個（重量合計4,173kg）を引き渡した。

　Lは、不正競争防止法違反等で起訴された。

判決要旨 有罪（懲役3年・執行猶予4年）

　Lは、学校給食センターが安定して利益を得られる大口の取引先であることから、継続的に契約を取りたいと考え、同センターに納入する肉は国内産でなければならないことを知っていながら、同センターが小中学校の児童、生徒に与える健康被害のおそれ等を考慮し、規格を国内産に限定して優良な学校給食を提供していることを全く弁えず、私的な利潤の追求のみを考えて本件に及んだ。

　欺罔の手口は、栄養士等の立会の下に行われる見積合せには、見本として国産肉を出品した上、事前に入念に検討した入札価格で入札し、落札に成功

するや外国産豚肉を納品するという狡猾なもので、全ての加工品の製造加工証明書に国内産である旨の虚偽表示をしていた点も大胆かつ巧妙で、納品先担当者から肉の品質について苦情を申し立てられたことを覚知しても、別の外国産肉に切り替えて納品するなどして、巧妙に発覚を免れながら偽装を続けていた。

　本件犯罪事実だけでも、4か月間で27回にわたり、合計4,000キログラム以上の豚肉を国産品と偽って納品し、430万円以上の現金を詐取しており、常習性は顕著で、被害額も多額である。

解説

　本件は、精肉加工会社の代表取締役が、外国産豚肉の加工品を国産豚肉の加工品であると偽って販売して現金をだまし取ろうと企て、従業員らと共謀して、製造加工証明書の産地欄に国内産の表示をした上、6か所の学校給食センターに対し、8万6,000個余りの外国産豚肉ロース切身の加工品を販売・納品し、代金437万円余を交付させた事案である。

　本件が、小中学校関係者、児童生徒及びその保護者らに与えた不安は大きく、食の安全に対する意識が高まっている今日において敢行されており、大きな社会的影響を与えた事件である。

豆知識㊲　**食品表示法**

　食品表示法は、これまで複数の法律で定められていた食品の表示に関する規定を一元化した法律であり、平成27年4月から施行された。食品表示基準の原産地について虚偽の表示をした食品販売者には罰則（2年以下の懲役又は200万円以下の罰金）が科されるなど、食品販売の際の安全性確保も図られている。

うなぎ蒲焼の産地偽装

神戸地裁平成21年4月27日判決

> 根拠法条：不正競争防止法2条1項、21条2項
> 参考文献：裁判所 web

ポ イ ン ト　**流通・販売禁止食品の表示偽装**

事 案 概 要

　Yは、X社の取締役兼営業所長である。X社は、冷凍うなぎ蒲焼の販売をしていたが、主な商品はブランド名Uという親会社が中国から輸入した冷凍のうなぎ蒲焼であった。平成19年6月、スーパーで販売されていたUから、食品で使用禁止されている合成抗菌剤マラカイトグリーンが検出され、7月に公表された。

　マラカイトグリーンが検出された食品は、食品衛生法に基づき、その流通・販売等が禁止されている。それ以降、X社には販売先からの返品が相次ぎ、中国産冷凍うなぎ蒲焼の在庫は、X社全体で約800トン（仕入れ値で約10億円）になった。Yが当時所長をしていた営業所の在庫も500トンほどにもなり、その販売に苦慮していた。Yは内心で、多量の在庫を処理するには国産に偽装して販売するしか方法がないと思った。実はYは以前にも、別業者が中国産冷凍うなぎ蒲焼を鹿児島産と偽装販売した事案に関与したことがあった。

　Yは、偽装するとはっきり言わないまま、関係者に在庫処理を相談するなどし、水産物集荷販売会社の担当課長に偽装の話を持ちかけた。その結果、X社が在庫として抱えている中国産冷凍うなぎ蒲焼の一部を国産に偽装し、前記水産物集荷販売会社が買い受け販売することにした。Yは、中国産冷凍うなぎ蒲焼約256トンを、「三河一色産うなぎ蒲焼」等と印刷された段ボール箱約2万5,000箱に梱包し、商品原産地について誤認させるような表示をした上、そのうち約1,500箱（合計約15トン）を販売会社等に売り渡した。

　Yは、不正競争防止法違反で起訴された。

判決要旨　有罪（懲役 2 年 6 月・執行猶予 4 年、罰金200万円）

　　本件偽装は、うなぎブランド商品Uからマラカイトグリーンが検出された
ことが、公表されたことがきっかけとなっている。輸入食品については、輸
入に際して、日本で認められていない抗菌剤や食品添加物が含まれていない
かどうかを検査することになっており、本件中国産冷凍うなぎ蒲焼も税関検
査に合格したものであった。関係者が、輸入に際しての検査がもっと厳格に
されておれば、本件のような問題が生じなかったという気持ちを抱くのは無
理もないところであると思われ、動機にある程度同情できる余地はある。
　　だからと言って、食品表示に関する一般の信頼をないがしろにして、目先
の利益を得るためや自己保身のために、在庫の早期処分を図って国産に偽装
する理由になるわけではなく、犯行に至る経緯や動機に、酌むべき事情は乏
しい。Yらは以前にも同種犯行に及んでおり、この種犯行に対する規範意識
が鈍麻している。

解説

　一般消費者は、製造業者や販売業者が食品に記載した表示を信頼して、食品を
購入するほかない。本件は、うなぎ蒲焼という身近な食品について、その原産地
を偽装表示した事案で、その食品表示に対する信頼を大きく損なった犯行であり、
社会的影響も極めて大きかった。
　さらに、本件では、食品の安全面から含有されてはならない、マラカイトグリー
ン等の合成抗菌剤が検出されていた。また、賞味期限も偽装されており、中国か
らの入港日を製造日とみなして 2 年間の賞味期限を設定した場合、本件蒲焼の相
当数量が賞味期限切れとなっていた。

一般廃棄物と産業廃棄物の混合投棄

69

最高裁平成18年 2 月28日決定

根拠法条：廃棄物処理法16条、25条 1 項
参考文献：判タ1206号

ポ　イ　ン　ト　合法的処理を仮装した不法投棄

事 案 概 要

　Ｊは、廃棄物処理法に基づき、「し尿浄化槽汚泥、ビルピット汚泥」についての一般廃棄物収集運搬業の許可、及び「汚泥、積替え保管を含む」等についての産業廃棄物収集運搬業の許可を受けた業者である。Ｊは、Ｆ市庁舎の庁舎内汚水槽及び雑排水槽からの汚泥の収集、槽内清掃作業を、入札により受注した。

　清掃作業内容は、庁舎内の汚水槽 7 か所と雑排水槽18か所から汚泥を収集して清掃し、庁舎内水洗トイレからのし尿を含む排水の流れ込む「汚水槽」の汚泥は「一般廃棄物」として、一般廃棄物用のバキュームカー（汚水車）で収集してし尿処理施設であるＦ市施設へ、庁舎内の雑排水の流れ込む「雑排水槽」の汚泥は「産業廃棄物」として、産業廃棄物用のバキュームカー（産廃車）で収集して中間処理業者へ、それぞれ搬入するというものであった。後者の汚泥については、中間処理業者による焼却等の中間処理を経た後に、処理センターにおいて最終処分（コンクリート固化等）することとされていた。

　Ｊは、実際の作業において、いずれも収集の段階から「汚水車」「産廃車」の区別なく、汚水槽の一般廃棄物たるし尿を含む汚泥と雑排水槽の産業廃棄物たる汚泥とを混合して収集し、その混合物の大半を、一般廃棄物のし尿を含む汚泥としてＦ市施設へ搬入し、残余の混合物を、産業廃棄物たる汚泥として中間処理業者へ搬入した。Ｊは、廃棄物処理法の不法投棄罪で起訴された。

　1 審及び 2 審は、Ｊを有罪とした。Ｊは上告し、投棄時点を基準とすると本件汚泥は「し尿を含む汚泥」に転化しており、一般廃棄物としてし尿処理施設への搬入が許される、本件汚泥をし尿処理施設へ投入する行為は中間処理に供したにすぎず、最終処分とはいえないから不法投棄罪は成立しない、などと主張した。

決定要旨　**上告棄却**

> 　Jの従業員は、一般廃棄物以外の廃棄物の搬入が許されていない本件施設へ、一般廃棄物たるし尿を含む汚泥を搬入するように装い、一般廃棄物たる汚泥と産業廃棄物たる汚泥を混合させた廃棄物を、上記受入口から投入したものであるから、その混合物全量について廃棄物処理法16条にいう「みだりに廃棄物を捨て」る行為を行ったものと認められ、不法投棄罪が成立する。

解説

　本件犯人による汚泥の不法投棄は、外形上、法に適合するような形態を装って正規の処理場に搬入しており、典型的な山林等への廃棄物の不法投棄とは異なっている。しかし、実質的にみると、し尿処理施設に搬入する権限が付与されていることを奇貨として、分離不可能な状態の産業廃棄物と一般廃棄物の混合物を投入している、という悪質な事案である。最高裁は、このような観点も踏まえ、不法投棄罪の成立を認めた。

　本件施設では、搬入時に職員立会いによる業者の搬入物確認等の手続はとられていなかった。収集運搬業者は、使用車両ごとに付与されたIDカードを読み取り機に差し入れることにより識別されて、受入口からし尿等を投入し、投入量等が印字されたレシートを受け取るという仕組みになっていた。投入されたし尿等は、本件施設内で破砕され、夾雑物が除去されるなどの処理を経た上で、処理センターに配管を通じて圧送され、最終処理されていた。

豆知識㊳　**排出事業者責任**

　廃棄物処理法では、事業者はその事業活動に伴って生じた廃棄物を自らの責任において適正に処理しなければならないと規定し、排出事業者の処理責任を定めている。排出事業者には、産業廃棄物の処理基準の遵守、保管基準の遵守、委託基準の遵守等の責任が定められている。

70 工事現場での産業廃棄物埋立て
大阪地裁平成18年8月18日判決

根拠法条：廃棄物処理法16条、25条1項
参考文献：裁判所 web

ポイント 宅地造成工事での産廃不法投棄

事案概要

　Gは、産業廃棄物収集運搬業等を営む甲社の代表取締役である。Gは、公団発注の宅地造成工事の下請負を行っていたが、共犯者らと共に甲社に保管していた多量のコンクリート片等の産業廃棄物を工事現場に持ち込み、宅地造成工事現場に埋め立てた。その量は、約930立方メートルと推計された。

　Gは、廃棄物処理法違反（不法投棄）で起訴された。公判において、弁護人は、投棄物のうち残土等は廃棄物処理法上の「廃棄物」に当たらず、その投棄に関しては犯罪は成立しない、などと主張した。

判決要旨 有罪（懲役1年10月、罰金200万円）

　Gらは、甲社の仮置場に多量の建設廃材等を抱えていたところ、その処分費用を浮かせるために不法投棄することを企んで、本件犯行に及んだ。

　犯行態様たるや、Gらは、リベートを要求する元請会社の現場代理人を本件犯行の共犯に引き込んだ上、その黙認の下に、公団関係者の監視が不十分な朝方や土曜日を狙って、多量の廃棄物を本件工事現場に搬入し不法投棄するなどしたものであって、計画的かつ悪質な犯行である。

　ことにGは、廃棄物処理業者の代表取締役として廃棄物の処理に関して高度の職業倫理が求められているにもかかわらず、共犯者から本件不法投棄を持ち掛けられるや、何らの躊躇もなく直ちに賛同し、本件犯行に至る一連の準備や犯行の実行を指示しただけでなく、犯行発覚後には証拠の改ざんや関係者との口裏合せに奔走するなど、犯行全体を通じ、一貫して主導的役割を

果たしている。

解説

　本件犯行においては、コンクリート片、アスファルト片、レンガ、瓦等や残土が不法投棄されたが、その発覚を防ぐため、投棄物の上から健全土を被せるなどしてカモフラージュしている。したがって、多量のコンクリート片等の廃棄物と残土とが、渾然一体として不法投棄されている。

　コンクリート片等の産業廃棄物による環境汚染の危険は、工事現場のうちで不法投棄が行われた場所全体に広がっており、コンクリート片等と残土とを分別するのは非常に困難となっている。このような場合、それ自体廃棄物とはいえない残土も含めて、投棄物全体が廃棄物処理法上の「廃棄物」に該当する。

　本判決においては、このような観点から、廃棄物処理業者による計画的な多量の産業廃棄物不法投棄事案であることに鑑み、実刑判決を下している。

豆知識㊴　**マニフェスト制度**

　産業廃棄物の委託処理における排出事業者責任の明確化と不法投棄の未然防止を目的として実施されている制度。産業廃棄物の処理を他人に委託する場合、産業廃棄物の名称、運搬事業者、処分事業者、取扱い上の注意事項などを記載したマニフェスト（産業廃棄物管理票）を交付し、産業廃棄物と一緒に流通させて、その適正な処理を図っている。

71 ごみステーションからの古紙持ち去り

広島高裁平成20年5月13日判決

根拠法条：下関市廃棄物減量条例10条、45条
参考文献：裁判所 web

ポイント 資源となる一般廃棄物の横取り

事案概要

　Kは、父親が営んできた古紙回収業を継ぎ、一般家庭やスーパー等の商店から出る古紙を個別回収したり、自治会や子供会が集団回収により集めた古紙を回収したりして、古紙問屋に売り渡すことを業としてきた。Kは、同業者から、S市ではごみステーションで古紙を回収できると聞き、古紙回収日である毎週水曜日に車で赴いて、ごみステーションに出されている古紙を集めるようになった。

　Kは、平成17年3月にS市職員からごみステーションにある古紙は市が回収するから取らないでほしい旨注意をされたが、その後も古紙回収行為を継続していた。8月には家庭系一般廃棄物の収集・運搬を中止するよう警告書を交付され、禁止命令書も交付されたが、その後もKは古紙回収行為を続けていた。

　平成18年5月にKは同様の行為をしていたところ、張り込んでいた警察官に現行犯人として逮捕された。Kは、S市廃棄物減量条例違反で起訴された。1審はKを有罪（罰金10万円）とした。Kが控訴した。

判決要旨 控訴棄却

　市は持ち去り行為を直ちに処罰の対象とはせず、市長による禁止命令を発し、それでもその命令に違反した場合に、初めて処罰の対象とする間接処罰方式を採用しており、本件規定により持ち去り行為が制限される局面は限定されている。

　本件規定は、市民が受託業者等の行う収集に委ねる意思で、市長が指定したごみステーションに排出した家庭系一般廃棄物を、その市民の意思に反し

て受託業者等以外の者が収集運搬する行為を規制する、という事柄を定めたにすぎない。したがって、本件規定に違反する行為は、家庭系一般廃棄物を排出した市民の意思に反する不当な行為であるから、これを処罰するのは当然のことであり、これを処罰することが、Kの営業の自由や生存権及び人格権を侵害するものでない。

解 説

　本件犯人は、市から家庭系一般廃棄物の収集又は運搬の委託を受けておらず、市長から一般廃棄物の運搬収集を行わないように命じられていたにもかかわらず、ごみステーションに適正に排出されていた一般廃棄物（古紙）を収集したものである。

　当該市では、平成16年4月頃から、ごみステーションに排出された古紙を持ち去る行為が急増していた。市の調査によると、古紙の分別収集を開始した平成15年度においては約193トンであったのに対し、16年度においては約129トンに減少しており、その減少量のうちの多くは、古紙の持ち去り行為が原因であると推察された。また、多数の市民から市へ苦情が寄せられたことを契機として、ごみステーションからの一般廃棄物の持ち去り行為に対する間接処罰規定が設けられた。

72 基準を超える工場汚水排出

名古屋地裁令和元年5月8日判決

> 根拠法条：水質汚濁防止法3条1項、12条1項、31条1項1号、34条
> 参考文献：裁判所web

ポ イ ン ト　　**工場からの真夜中の違法排水**

事 案 概 要

　P社は、熊本県に本店を置き、塵芥、廃棄物等の収集及び処理、それに付随する肥料製造業等を営み、QはP社代表取締役として業務全般を統括管理していた。P社は、名古屋市内に水質汚濁防止法に定める特定施設である動物系飼料又は有機質肥料の製造業の用に供する施設等を設け、公共用水域である名古屋港に1日当たり平均20立法メートルを超える排出水を排出する工場を設けていた。

　Qらは、共謀の上、法令で定める除外事由がないのに、平成30年9月7日から11月30日までの間、5回にわたり、午前0時から午前3時までの真夜中の時間帯に、工場の排出口から、省令や条例で定める排水基準を超える排出水を名古屋港に排出した。

　ここで、省令で定める排水基準は、水素イオン濃度は5.0以上9.0以下、窒素含有量は1リットルにつき120ミリグラムであった。また、条例で定める排水基準は、化学的酸素要求量は1リットルにつき25ミリグラム、浮遊物質量は1リットルにつき30ミリグラム、動植物油脂類（ノルマルヘキサン抽出物質含有量）は1リットルにつき10ミリグラムであった。P社工場の排水した汚水の水質は、これら基準を大幅に上回るものであった。

　P社及びQは、汚染状態が排水基準に適合しない排出水を排出したという水質汚濁防止法違反で起訴された。

判 決 要 旨　　**有罪（P社は罰金50万円、Qは懲役6月・執行猶予3年）**

　本件は、長期間にわたり同種行為が繰り返される中での組織的かつ常習的

な犯行であるところ、国民の健康や生活環境の保護といった同法の趣旨に鑑み、本件により生じた結果はもとより看過することができない。

　施設の運営につき実権を握る地位にあったＱは、かねて搬入される廃棄物の受入れが施設の処理能力を大きく超える状況にあったにもかかわらず、適切な措置を講じることなく、自身の立場や会社の利益を守りたいなどとの独善的かつ利己的な動機から、従業員を指揮して安易に違法排水を続け、種々の隠ぺい工作をも行っていたもので、かかる一連の経緯は誠に厳しい非難に値する。

解説

　水質汚濁防止法は、公共用水域及び地下水の水質汚濁の防止を図り、国民の健康を保護するとともに生活環境を保全すること等を目的として制定された。また、人の健康を保護し生活環境を保全する上で維持されることが望ましい基準として、「環境基準」が設定されている（環境基本法16条）。

　環境基準達成のため、水質汚濁防止法では事業場からの排水規制が実施されている。工場や事業場から排出される水質汚濁物質について、物質の種類ごとに排水基準が定められ、排出者等はこの基準を守らなければならない。

　本件は、廃棄物処理業等を営む会社が運営する、食品製造業等から排出される廃棄物を処理して肥料の製造等を行う工場施設から、定められた基準値を超える汚水を公共用水域である名古屋港に５回にわたり排出したという水質汚濁防止法違反の事案である。事件後、当該会社は事業許可取消処分を受け、相応の社会的制裁を受けることとなった。

73 廃材等の不法焼却
広島高裁令和元年 7 月18日判決

根拠法条：廃棄物処理法16条の 2 、25条
参考文献：裁判所 web

ポイント　廃棄物処理法の焼却禁止と「公共の危険」

事案概要

　F は、自宅敷地内において、廃棄物である木材等（約1.4立方メートル、重量換算約512キログラム）を焼却した。その火が所有地内の枯草に燃え広がった上、南側廃車置き場に延焼し、着火地点から南方約22メートルの地点にあったコンテナが全焼するなどした。F は、119番通報を行った。

　F は、廃棄物処理法違反で起訴された。 1 審は、「その火が、F の所有地といえども隣地の枯草に燃え広がり、着火地点から約22.1メートル離れたコンテナが全焼するなど近隣周辺への延焼の危険を生じさせており、F の刑事責任を軽視することはできない。」などと説示（本件説示）して、F を罰金50万円の刑に処した。

　F は控訴し、原判決の量刑は、焼却物の重量の認定を誤り、保護法益の対象外である焼却に伴う公共の危険の発生を重視しており、重過ぎて不当であるなどと主張した。

判決要旨　原判決破棄・有罪（罰金30万円）

　廃棄物処理法は、廃棄物の排出を抑制し、廃棄物の適正な分別、保管、収集、運搬、再生、処分等の処理をし、生活環境を清潔にすることにより、生活環境の保全及び公衆衛生の向上を図ることを目的としており（ 1 条）、焼却禁止の規定（16条の 2 ）は、廃棄物の不適正処理の防止を図るため、廃棄物の処理基準に従わない焼却を一定の除外を除いて禁止し、直接罰の対象としたもので、焼却に伴う火力による危険惹起の防止を規制目的に含んでいる

ものではない。

　所論指摘のとおり、検察官が主張する「公共の危険」は、本来、放火・失火罪による処罰の対象となるものであるから、焼却禁止違反の罪の刑を量定するに当たって、火力による公共危険の惹起の点を犯情として重視することは相当ではない。本件説示が、あたかも刑法110条 2 項や111条に該当する事実を具体的に摘示するかのようなものとなっていることも踏まえると、原判決は、本来、建造物等以外放火罪において処罰されるべき火力による危険惹起という要素を刑の量定に当たり不当に重視した疑いがある。

　原判決は、情状として本来重視すべきでない「公共の危険」の発生を量刑要素として考慮し、実際よりも過大に算定された疑いのある廃棄物の重量を前提として刑を量定したものであり、これに、Ｆが、本件犯行後ほどなく119番通報し、消防から連絡を受けて臨場した警察官の事情聴取に対し、自分が廃材を燃やした旨を素直に供述したという事件発覚の経緯をも踏まえると、原判決の量刑は重過ぎて不当と言わざるを得ず、破棄を免れない。

解説

　本件は、犯人が、自宅敷地内において、廃棄物である木材等を焼却したという廃棄物処理法違反の事案である。

　焼却された本件廃棄物の量の推計は、現場において点火前に積み上げていた廃材等の幅や高さについて犯人が説明した数値を掛け合わせて廃棄物の体積を算出し、同体積を平均的な床板 1 枚の体積で除して、平均的な床板の何枚分に当たるかを算出し、同枚数に、焼却した廃材と類似する廃材 1 枚分の重量約0.9キログラムを乗じたものであった。

　本判決では、この数値についても、体積分の木材が隙間なく詰め込まれていたことを前提とするもので、その証拠もなく、廃棄物全部が廃材（木材）であったという仮定の下での大まかな概算に過ぎず、実際よりも過大である疑いがあるなどと判断された。

　焼却された廃棄物の重量については、燃焼させた場合に環境への負荷の程度の指標となるため、量刑上重要な要素となっている。

74 路上喫煙に対する行政罰

東京高裁平成26年6月26日判決

根拠法条：横浜市空き缶等及び吸い殻等の散乱の防止等に関する条例
参考文献：判時2233号

ポイント **行政上の秩序罰としての過料処分**

事案概要

　横浜市では受動喫煙防止のため、条例により路上喫煙禁止地区を設けていた。同市では、人通りの多い駅周辺地区を喫煙禁止地区に指定し、屋外での喫煙を禁止して、違反者には過料（2,000円以下）を科すことにした。また、美化推進員が喫煙禁止を巡回指導することとされていた。

　Mは、本件喫煙禁止地区（パルナードと呼ばれる道路）において喫煙し、美化推進員に現認され、条例違反を告知されて、告知・弁明書に署名した。そして、その場で美化推進員から市長名で2,000円の過料を科す処分を受けた。

　Mは、本件処分について、横浜市長に異議申立てをしたが棄却され、さらに神奈川県知事に審査請求をしたが、棄却裁決を受けた。そのため、Mは訴訟を提起し、本件処分が違法であるとして、処分取消請求を行った。

　1審は、本件違反場所の路面表示や標識は、その文字を読み取り認識することが困難であり、Mが知らなかったことに過失はないなどとして、本件処分は違法であるとして取り消した。横浜市が控訴した。

判決要旨 **原判決取消、Mの請求棄却**

　本件条例は、喫煙禁止地区内での喫煙を禁止した上、過料という財産上の不利益を違反者に科すことで、路上喫煙を防止し、快適な都市環境を確保するという目的を達成するためのものであり、その主眼が注意喚起をして路上喫煙をさせないことにあることは明らかである。したがって、注意喚起が十分にされていない状態で喫煙する者がいたとしても、それに制裁を科すこと

は、本件条例の趣旨を逸脱する。

　当該喫煙者が、通常必要な注意をしても路上喫煙禁止地区であることを認識し得なかった場合、すなわち路上喫煙禁止地区と認識しなかったことについて過失がなかった場合には、注意喚起が十分にされていなかったことになるから、過料の制裁を科すことはできない。

　あえて路上で喫煙する場合には、その場所が喫煙禁止か否かについて、路面表示も含めて十分に注意して確認する義務がある。本件において、路上で歩行喫煙していたMが、パルナードに進入する交差点にさしかかった際、路面表示をも十分に注意して路上喫煙禁止か否かを確認すべきであり、その注意を怠らなければ、路上喫煙禁止であることを認識することが十分に可能であったと認められるから、Mには過失があった。

解説

　路上喫煙については、吸い殻のポイ捨てや服の焼け焦げ、タバコの火が子供に当たりやけどを負うなどの被害が生じており、その規制が求められている。このため、国において、平成14年に健康増進法が制定された。また、地方公共団体においても、受動喫煙防止のための積極的な取組が行われている。

　本件当時、神奈川県内の地方公共団体でも、路上喫煙規制条例を制定している市町は15市町、過料又は罰則付き路上喫煙規制条例を制定している市町は9市町に上っていた。路上喫煙禁止の表示としては、路面表示がされることが一般的となっている。

　本判決では、受動喫煙が健康被害を及ぼすという一般的な認識の広がりの中で、条例で路上喫煙を禁止する地方自治体が増えつつある社会的状況を踏まえ、あえて路上で喫煙する者は、その場所が喫煙禁止か否かを確認する義務を負っているとし、その注意を怠った際には過失がある、と判断した。

75 偽医師による診断と投薬

札幌地裁平成16年10月29日判決

根拠法条：医師法17条、31条1項、刑法246条
参考文献：裁判所 web

ポイント 無資格者による医行為

事案概要

　Tは医師の資格を有していないが、共犯者と共に、眼球虹彩診断及びホメオパシー薬販売のために会社を設立した。そして、講演会を開催し、終了後診察を希望する者に対して、Tが代金7万円で眼球虹彩診断を行うことにした。

　Tは、被診断者の眼をスリットランプ様機器で診た上、機器に接続されたテレビ画面に映った眼球の虹彩部分やビデオコピー機で印刷された虹彩部分を指し示しながら、「糖尿の血糖値が高い。肝臓機能が低下している。薬を飲み続ければ良い方向になる。」とか「脳梗塞になって寝たきりになるかも。私が処方する薬を飲めば予防できる。」などと虚偽の事実を申し向け、投薬代金として198万円余りを交付させた。Tは、同様の方法により、診断を受けた者やその家族ら11名から、投薬代金として合計730万円余りを詐取した。

　Tは、詐欺及び医師法違反で起訴された。公判において、Tは眼球虹彩診断により約2万人の虹彩を見てきており、特定の臓器の疾患等が分かるなどと主張していた。しかし、眼科の専門医によれば、虹彩紋理は生涯不変であり、内臓疾患等によって変化することはなく、虹彩を見て内臓疾患や症状などを判断することはできないとされている。

判決要旨 有罪（懲役5年）

　　Tは、ホテル客室においてスリットランプ（顕微鏡）様機器を用いて、被診断者の目に至近距離から光を当てて虹彩の拡大写真を撮影し、その写真を機器に接続されたテレビ画面に映し出したり、ビデオコピー機でプリントア

ウトしたりした上、虹彩の写真を指し示しながら、合計18名の被診断者に対し、現在妊娠しているなどとその身体症状を告知したり、子宮がんなど具体的な疾患に現在罹患している、あるいは将来罹患する可能性があるなどと告知し、うち16名に対しては自己が処方する薬を服用するよう勧めた。

　Tの行為は、医師が行うのでなければ保健衛生上危害を生ずるおそれのある行為であるといえ、医師法17条にいう医業の内容となる医行為に当たる。

　Tは、講演会において、図面を示したりしながら、虹彩に現れる文様の形状、位置等によって臓器にどのような疾患が生じるか的確に診断できる、ホメオパシー薬を服用すればC型肝炎など難病についても治療及び予防に著しい効果があるなどと説明し、あたかも眼球虹彩診断によって被害者らの病状等が的確に診断できたかのように装ったのであるから、ホメオパシー薬の有効性について検討するまでもなく、Tには詐欺の故意が認められる。

解説

　本件は、病気の悩みや健康上の不安を抱えていた者に対し、言葉巧みに眼球虹彩診断及びホメオパシー薬の有効性を信じ込ませた上、がんなどの重篤な病気を告知して不安に陥れ、病気から助かりたいという被害者らから多額の金員を詐取した事案である。

　被害者らは多額の金員を詐取されただけでなく、重病を告げられて強い精神的衝撃を受けており、精神的苦痛も軽視できないと判断された。

豆知識⑩　医療事故調査制度

　医療事故調査制度は、医療の安全確保のために平成27年10月から開始された。本制度の対象は、人違いや誤投薬など病院等の医療従事者が提供した医療に起因すると疑われた死亡等であって、その死亡を管理者が予期しなかった事案である。対象事案が発生した場合、医療機関は遺族に対して説明を行い、院内調査を行って第三者機関に報告する。また、遺族から申請があれば第三者機関が調査を行う。

76 ダイエット薬の不正販売
東京地裁平成24年10月25日判決

根拠法条：医薬品医療機器等法2条1項、13条1項、86条
参考文献：判タ1395号

ポイント 医薬品の無許可製造と表示

事案概要

　Hは、痩身薬の企画製造等を業とする会社で業務に従事していた。Hは医薬品製造業の許可を受けずに、ダイエット目的の箱入りカプセル剤甲を製造させた。Hは、医薬品の無許可製造の罪で起訴された。

　なお、甲は外観上医薬品に相当程度近似していたが、医薬品該当性を根拠付ける決定的な特徴を有しておらず、医薬品的な効能効果を標榜している説明資料の位置付けが問題とされた。

判決要旨 有罪（懲役8月・執行猶予3年、罰金100万円）　控訴の後に棄却

　甲の形状等をみると、外箱の外観が医薬品的な印象を与えるものであること、通常人に容易に理解可能な英文で「スリムな体型を作る」などと人の身体の構造又は機能に影響を及ぼす旨の効能効果が明示されていること、注意事項として妊娠中の使用を控え、薬を服用中の方の医師への相談を促す表記があるなど、食品には通常認められない記載があることなどの諸事情が認められ、甲は外観上医薬品に相当程度近似している。

　本件資料はデータとして作成され、電子メールに添付して製造依頼者に送信されたもので、その内容をみると、販売の際に広告に用いることが可能な体裁となっている。その上、「あなたを理想の体型に近づけます」などと消費者自身に対する宣伝文句と理解できる内容となっており、本件資料の内容が消費者に伝わることを想定して作成されたものであることがうかがえる。

本件資料は、甲に「表示された内容」に該当する。

解説

　「医薬品」とは、その物の成分、形状、名称、その物に表示された使用目的・効能効果・用法用量、販売方法、その際の演述・宣伝等を総合して、その物が通常人の理解において「人又は動物の身体の構造又は機能に影響を及ぼすことが目的とされている」と認められるものをいう。

　医薬品医療機器等法では、医薬品の製造・販売を許可を受けた者以外には禁止している。その主な理由は、医薬品が有する薬理作用のために、副作用や中毒等の危険が生じることを防止するとともに、客観的に薬効の保障のないものについて、これを有するもののごとく薬効を標榜することで、それに対する過度の信頼から適時適切な医療を受ける機会を失わせるという、国民の健康への弊害を防止する点にある。

　このような医薬品医療機器等法の趣旨に鑑みれば、「その物に表示された使用目的・効能効果・用法用量」（その物に表示された情報）とは、例えばパッケージに印刷されている表示のようにその物と物理的に一体である場合はもとより、物理的には一体といえないものであっても、当該情報が製造時に存在し、将来その物が販売される際に、その物の説明・宣伝として用いられる蓋然性が高いと認められるものも含まれる、と解される。

　本件犯人は、使用しても直ちには痩身効果を生じないことを認識しながら、明白な痩身効果を謳った資料と共にカプセル剤を多量に製造したもので、一般消費者の適時適切な医療を受ける機会を失わせかねない事案であった。

　なお、従前、医薬品等を規制していた「薬事法」は、平成26年「医薬品医療機器等法」の施行に伴い、全面移行している。

タトゥー施術と医行為
最高裁令和2年9月16日決定

根拠法条：医師法17条
参考文献：裁判所 web

ポイント　医行為該当性の判断方法

事案概要

医師でないRは、業として、平成26年7月から27年3月までの間、大阪府内の
タトゥーショップで、4回にわたり、3名に対し、針を取り付けた施術用具を用
いて皮膚に色素を注入する行為を行った。

Rは、医師法違反で起訴された。1審は、医行為とは医師が行うのでなければ
保健衛生上危害を生ずるおそれのある行為をいうと解し、Rの行為は医師が行う
のでなければ皮膚障害等を生ずるおそれがあり医行為に当たると判断して、Rを
有罪（罰金15万円）とした。

2審は、医行為とは、医療及び保健指導に属する行為の中で、医師が行うので
なければ保健衛生上危害を生ずるおそれのある行為をいうと解し、Rの行為は、
医師が行うのでなければ皮膚障害等を生ずるおそれはあるが、医療及び保健指導
に属する行為ではないから、医行為に当たらないと判断して、1審判決を破棄し
てRを無罪とした。検察官が上告した。

決定要旨　上告棄却

　ある行為が医行為に当たるか否かを判断する際には、当該行為の方法や作
用を検討する必要があるが、方法や作用が同じ行為でも、その目的、行為者
と相手方との関係、当該行為が行われる際の具体的な状況等によって、医療
及び保健指導に属する行為か否かや保健衛生上危害を生ずるおそれがあるか
否かが異なり得る。また、医師法17条は、医師に医行為を独占させるという
方法によって保健衛生上の危険を防止しようとする規定であるから、医師が

独占して行うことの可否や当否等を判断するため、当該行為の実情や社会に
おける受け止め方等をも考慮する必要がある。

　そうすると、ある行為が医行為に当たるか否かについては、当該行為の方
法や作用のみならず、その目的、行為者と相手方との関係、当該行為が行わ
れる際の具体的な状況、実情や社会における受け止め方等をも考慮した上で
社会通念に照らして判断するのが相当である。

　本件について検討すると、Rの行為は、彫り師であるRが相手方の依頼に
基づいて行ったタトゥー施術行為である。タトゥー施術行為は、装飾的ない
し象徴的な要素や美術的な意義がある社会的な風俗として受け止められてき
たものであって、医療及び保健指導に属する行為とは考えられてこなかった。
また、タトゥー施術行為は、医学とは異質の美術等に関する知識及び技能を
要する行為であって、医師免許取得過程等でこれらの知識及び技能を習得す
ることは予定されておらず、歴史的にも、長年にわたり医師免許を有しない
彫り師が行ってきた実情があり、医師が独占して行う事態は想定し難い。

　このような事情の下においては、Rの行為は、社会通念に照らして、医療
及び保健指導に属する行為であるとは認め難く、医行為には当たらない。タ
トゥー施術行為に伴う保健衛生上の危険については、医師に独占的に行わせ
ること以外の方法により防止するほかない。したがって、Rの行為は医行為
には当たらないとした原判断は正当である。

| 解 | 説 |

　医師法は、医療及び保健指導を医師の職分として定め、医師がこの職分を果た
すことにより、公衆衛生の向上及び増進に寄与し、国民の健康な生活を確保する
ことを目的としている（1条）。このため、医師国家試験や免許制度等を設けて、
高度の医学的知識及び技能を具有した医師により医療及び保健指導が実施される
ことを担保するとともに、無資格者による医業を禁止している（17条）。

　このような医師法の規定に鑑みると、医行為とは、医療及び保健指導に属する
行為のうち、医師が行うのでなければ保健衛生上危害を生ずるおそれのある行為
をいうと解される。

　最高裁は、本決定において、このような観点から、タトゥー施術行為について
は、医行為には当たらないと判示した。

78 オランウータンの密輸入

大阪地裁平成12年10月17日判決

> 根拠法条：種の保存法12条1項、57条の2
> 参考文献：判時1736号

ポイント 国際希少野生動物種の保護の重要性

事案概要

　Uは、インドネシアから、ワウワウテナガザルを密輸入しようと企てた。ワウワウテナガザルは国際希少野生動物種として、その輸入に際して、通商産業大臣〔現　経済産業大臣〕の輸入承認を受けるとともに、税関長の輸入許可を受けなければならないとされていた。しかし、Uは、その承認及び許可を受けないで、ワウワウテナガザル1個体をキャリーケースに隠匿して航空機に持ち込み、インドネシアから日本国内に、密輸入した。Uは、そのワウワウテナガザルをペットショップ経営者に、代金60万円で譲渡した。

　また、Uは、ペットショップ経営者らと共謀して、オランウータンとフクロテナガザルを密輸入しようとして、その承認及び許可を受けないで、木箱に隠匿して航空機に持ち込み、インドネシアから日本国内に輸入した。

　Uは、種の保存法違反、関税法違反等で起訴された。

判決要旨 有罪（懲役1年4月、罰金200万円）

　　Uは、長年にわたり、インドネシアから民芸品等を輸入販売してきたが、経済的利益を得る目的で、オランウータンやテナガザル類がワシントン条約により国際的取引を規制された動物であることを明確に認識しながら、これらを密輸入するなどしたもので、目的のためには手段を選ばない身勝手な犯行動機に、酌量の余地はない。

　　Uは自ら日本国内にワウワウテナガザルを持ち込んで、ペットショップ経営者に代金60万円で譲渡したばかりでなく、仲介手数料を得るため、同人ら

とともにインドネシアに赴き、現地の動物商宅に案内するなどしてオランウータンとフクロテナガザルを買い付けさせた上、同国からの持ち出しに当たり発覚し難い手段を講じたり、実行犯を務めたペットショップ従業員に日本国への持ち込みの際、税関の旅具検査で発覚を免れる方法を教えるなどした。犯行態様は巧妙悪質である上、Uなくしてオランウータン等の密輸入に成功することは困難であったと認められ、共犯事件に果たした役割も大きい。

　密輸入された動物のうち、オランウータンは間もなく死亡しており、フクロテナガザル等は押収されて原産国に返還されたものの野生復帰は容易でなく、本件の結果もまた重い。加えて、野生動植物種の保護が国際的な規模で重要性を増しつつある今日の状況を考えると、本件犯行が社会的に及ぼした影響も看過できない。

解｜説

　本件は、国際希少野生動物種（絶滅のおそれのある野生動植物の種の国際取引に関する条約で指定された動物）であるワウワウテナガザル、オランウータン、フクロテナガザルそれぞれ 1 個体を、インドネシアから密輸入した事案である。

　本判決では、犯行態様は悪質である上、野生動植物種の保護が国際的な規模で重要性を増しつつある今日の状況も考慮され、実刑判決が下されている。

豆知識㊶　ワシントン条約

　1975年に発効した「絶滅のおそれのある野生動植物の種の国際取引に関する条約」の通称である。この条約は、野生動植物の国際取引に関して一定の規制を設け、その採取、捕獲等を抑制して、絶滅のおそれのある野生動植物の保護を図ることを目的とする。この条約に則り、我が国では、絶滅のおそれのある野生動植物の種の保存に関する法律が制定されている。

原生林の不法伐採

79

釧路地裁平成20年1月22日判決

根拠法条：自然公園法20条3項、83条、森林法197条、198条
参考文献：裁判所 web

ポイント　保安林及び国有林の森林窃盗

事案概要

　Qは、環境大臣の許可を受けず、かつ法定の除外事由がないのに、保安林及び特別地域に指定された阿寒国立公園内の森林において、甲社所有の木竹であるアカダモ等11種合計217本（時価合計約320万円）を、伐採させて窃取した。また、Qは、特別地域に指定された同公園内の森林において、国所有の木竹であるマツ等12種合計462本（時価合計約1,110万円）を、伐採させて窃取した。

　Qは、自然公園法違反及び森林法違反で起訴された。

判決要旨　有罪（懲役2年6月）

　Qは、事業経営の失敗等によって事業資金や生活費等に窮したため、いわば金の成る木として本件各森林に着目し、木竹を売却して不正に金員を取得したものであるが、その短絡的で自分勝手な動機に酌量の余地はない。Qは、伐採に係る適合通知書を不正に町から取得し、一見適法な伐採を装うなど、犯行態様は狡猾で悪質である。

　本件各犯行によって時価合計約1,430万円もの木竹が伐採されているが、屈斜路湖畔の原生林生い茂る森林が、約3万3,300平方メートルもの広範囲にわたって伐採され無惨な姿をさらし、その回復には相当の努力と年数が必要であることからすれば、その被害結果は真に重大なものがある。

　民有林所有者の処罰感情は強く、地域住民に与えた衝撃と憂慮は計り知れない。このような大規模な自然環境の破壊が、行政機関の監督の間隙を突いて、いともたやすく長年にわたって行い得たのは、驚きを禁じ得ない。

解説

　本件は、自然公園法上の特別地域であり森林法上の保安林に指定された民有林及び特別地域に指定された国有林の各木竹を伐採して、森林の産物を窃取した、という自然公園法違反及び森林法違反の事案である。

　本件違法伐採は、およそ100ヘクタールの広さで、5年間にわたって敢行され、貴重なミズナラ、エゾマツなど樹齢100年を超す大木も含まれていた。伐採跡地は、火山灰の赤土がむきだしになり、雨が降れば大量の土砂が流出する危険性があった。しかも、道路側の林をそのままにして目隠しとして利用し、その内部で違法伐採を行っていた。

　森林窃盗は、森林においてその産物を窃取する罪である。森林内では、権利者の管理占有の程度がゆるやかで、対象物も土地に定着して成育するため、財産的価値が少ないともみられ、一般の窃盗罪よりも刑罰が軽減されている（森林法197条、3年以下の懲役又は30万円以下の罰金）。ただし、保安林の区域内でなされた森林窃盗については、刑が加重されている（森林法198条、5年以下の懲役又は50万円以下の罰金）。

　森林窃盗の対象物としては、森林内の木竹だけでなく、山菜や竹の子のほか鉱産物も含まれる。

里親探しを悪用した猫虐待

80

横浜地裁川崎支部平成24年5月23日判決

> 根拠法条：刑法246条、動物愛護法44条1項
> 参考文献：判時2156号

ポ　イ　ン　ト　　保護活動者からの猫の詐取と虐待

事　案　概　要

　Sは、猫の里親を探していたC子に対して、真実は譲り受けた猫を飼養する意思はなく虐待の上殺傷する意図であるのに、その情を秘し、猫を飼養するかのように装って、「黒白（オス）1匹を譲り受けました、下記の通り誓います。終生家族の一員として愛情を持って育てていきます。最後まで責任をもって飼養します」等と記載した誓約書に署名押印するなどして、猫1匹を譲り受けた。さらに同様の手口で、Sは猫の里親を探していた被害者から計4匹の猫を譲り受けた。

　Sは、譲り受けた猫のうち、2匹をアパート階段上から路上に放り投げ、さらに頭部を踏み付け、あるいは顔面を壁にたたき付けて殺した。別の2匹は、自室内で顔面を床に数回たたき付け、あるいは顔面を左手で殴打し、みだりに傷つけた。さらに、別の1匹は、川に投げ捨て溺死させた。

　Sは、詐欺及び動物愛護法違反で起訴された。

判　決　要　旨　　有罪（懲役3年・執行猶予5年）　確定

　　犯行の態様についてみると、詐欺については、野良猫などを保護・養育し里親を募集して引き渡すなどの活動をしていたC子らに対して、インターネットの掲示板を通じて接触を図り、これまで猫を飼って世話をしていたことがあるとか、譲り受けた猫を終生飼養していくなどと言葉巧みに嘘を告げて、誓約書を差し入れるなどした上で、だまし取ったものであって狡猾な手口である。

　　また、動物愛護法違反については、詐取して程なく殺傷したというもので

あり、その意図は強固である。殺傷の態様は、2匹の猫に対しては階段上から約10メートル下の路上に放り投げた上、生きていることが分かると、1匹については階段踊り場まで持ってきて頭部を足で踏み付け、他の1匹については頭部を何度も階段の上り口のコンクリートの壁にたたき付けたりして殺しており、また、別の1匹の猫に対しては深夜自宅からキャリーバッグに入れて持ち出して約6メートル下の川に投げ捨てて溺死させ、さらに、2匹の猫に対してはそれぞれ顔面を自室の床にたたき付け、平手打ちをするというものであり、その態様は誠に残虐であって悪質極まりない。

解説

　動物愛護法は、動物が命あるものであることに鑑み、何人も動物をみだりに虐待等しないようにするとともに、人と動物の共生に配慮しつつ、その習性を考慮して適正に取り扱うようにすることを基本原則としている。

　本件は、猫の保護活動をしていた3名の被害者から、殺傷する目的であることを秘して愛護動物である猫5匹をだまし取り、そのうち3匹を殺し、2匹を傷つけたという詐欺及び動物愛護法違反の事案である。

　詐欺被害者は、いずれも猫の里親を探すなどの活動を続けており、格別にその愛護を心がけていたので、本件犯人の言動から猫の里親としてふさわしいと考えて、譲り渡していた。ところが、殺傷され変わり果てた姿を見ることになり、犯人の意図を見抜くことができなかったことを、悔いるなどしていた。被害者らの受けた精神的苦痛は計り知れず、厳重な処罰を求めていた。

豆知識㊷　　**動物愛護法**

　動物の虐待と不適切飼育の防止を図るため、昭和48年10月に制定された法律。愛護動物とは、牛、馬、豚、羊、やぎ、犬、猫、うさぎ、鶏などをいうが、人が占有している動物では爬虫類に属するものも含まれる。この法律では、愛護動物を虐待した者や遺棄した者は処罰される。「動物虐待」とは、動物を不必要に苦しめる行為のことをいい、正当な理由なく動物を殺したりする行為だけでなく、必要な世話を怠り、病気の治療をしないで放置し、十分な餌を与えない行為も含まれる場合がある。

第 6

経済事犯

カラオケスナックの著作権侵害

81

大阪地裁平成 6 年 4 月12日判決

根拠法条：著作権法22条、119条
参考文献：判タ879号

ポ イ ン ト　　著作権者の許諾を得ずになされたカラオケ再生

事 案 概 要

　Lは、飲食店を経営していた。Lは、日本音楽著作権協会（ジャスラック）の許諾を得ず、法定の除外事由がないのに、レーザーディスクカラオケのうちから音楽著作物である48曲を、店に設置したカラオケ装置を操作して、モニターテレビ画面に楽曲のイメージに合った連続映像と同時に画面に映し出される歌詞及び伴奏音楽を、順次上映した。そして、そのカラオケ伴奏により、これらの各楽曲を従業員及び飲食客等にそれぞれ歌唱させて、これを店内の客に聞かせた。

　Lは著作権法違反で起訴された。公判において、Lは、レーザーディスクカラオケを伴奏することによって客が歌唱することそれ自体が、演奏権及び上映権の侵害に当たるとは考えなかった、などと主張した。

判 決 要 旨　　有罪（罰金10万円）　確定

　店はカラオケ店の雰囲気を好む客の来集を図って営業上の利益を増大させることを意図しているのであって、カラオケ伴奏による客の歌唱も、著作権法上の規律の観点からは、店の経営者による歌唱と同視し得る。したがって、当該音楽著作物の著作権者の許諾を得ないまま、店の経営者が客及び店の従業員等に楽曲を歌唱させることは、著作権の一支分権である演奏権を侵害することになり、その実行行為者は店の経営者であると考える。

　本件のようなビデオカラオケは、その中にジャスラックが管理する音楽著作物の歌詞の文字表示及び伴奏音楽とともに連続した映像を収録したものであり、映画の効果に類似する視聴覚的効果を生じさせる方法で表現され、物

に固定された著作物であるから、著作権法上の映画の著作物に該当する。本件ビデオカラオケ装置によりレーザーディスクを再生するとき、モニター画面には収録された連続した映像と音楽著作物の歌詞の文字表示が映し出され、スピーカーからは収録された音楽著作物の伴奏音楽が流れ出る。したがって、モニターテレビに歌詞の文字表示が映し出されることは、その著作物の上映に該当し、それと同時にスピーカーから流れ出る伴奏音楽も、映画の上映に該当する。

　本件ビデオカラオケ装置によりジャスラックが管理する音楽著作物を収録したレーザーディスクカラオケを再生した場合、それは音楽著作物の上映（歌詞の文字表示と伴奏音楽）に当たり、これを無断で行えばジャスラックの管理する音楽著作権である上映権の侵害になる。

解|説

　ジャスラックは、昭和61年、社交場（バー、キャバレー、スナックなど）等における演奏使用料を全面改正し、カラオケ伴奏による歌唱についても演奏権が及ぶことを明示して、その歌唱使用料について固有の規定を設けるため、著作権審議会の答申を経て、著作物使用料規程の改正を行った。ジャスラックの管理する音楽著作物に関し、著作権者の許諾を得ずになされたカラオケ伴奏による歌唱は、原則的には著作権法に違反する。

　なお、客がカラオケ伴奏に伴って歌唱する場合、客の歌唱も著作権法上の演奏に当たるというべきであるが、客自身に営利の目的はなく聴衆（他の客等）から料金を受けていないから、それ自体は著作権法の自由利用行為に該当する。

82 偽ブランド品の販売譲渡
松山地裁平成23年9月13日判決

根拠法条：商標法37条、78条の2
参考文献：判タ1372号

ポイント　　**類似商標による商標権侵害**

事案概要

　P及びQは共謀して、丙社が商標権の設定登録をしている商標と類似する商標を付したジャージ上下セット3点を、3か所に宅配便などで発送し、Aらに到達させて代金合計2万8,500円で販売譲渡した。また、P方では丙社の設定登録商標と類似する商標を付したジャージ上下セット等合計192点を、販売譲渡のために所持した。Q方では同様に類似商標を付したジャージ上下セット等合計15点を、販売譲渡のために所持した。

　さらに、P及びQは共謀して、丁社の設定登録商標と類似する商標を付したポロシャツ4点を、3か所に宅配便などで発送し、Bらに到達させて代金合計3万9,900円で販売譲渡した。

　Pらは商標法違反で起訴された。

判決要旨　　**有罪（Pは懲役1年6月・執行猶予4年・罰金100万円、Qは懲役1年4月・執行猶予4年・罰金100万円）　確定**

　Pらは、インターネットオークションという不特定多数の者が閲覧し商品を購入し得る場を利用して、有名ブランドの類似商標を付した合計7点の衣類を販売し、同様の方法で販売する目的で有名ブランドの類似商標を付した合計207点の衣類を自宅で所持していた。

　Pは、商品の仕入れを行っていたほか、販売価格の決定を始めとする販売方法全般について、主導的な役割を果たしている。Qは、Pと利益を折半し、商品発送や購入者への対応等といった重要な役割を果たしてはいるものの、

Pの指示に従っていたという側面があり、Pに比べれば本件各犯行に果たした役割はやや小さい。

解説

　本件は、海外有名ブランドの商標を模した偽ブランド品を販売譲渡し、あるいは販売譲渡目的で所持して、商標権を侵害したという事案である。

　人間の知的創作活動の所産である創作物や営業に関する識別標識については財産的価値があるため、知的財産権としてその権利が保護されている。商標権も知的財産権の一種で、指定商品や指定役務について商標登録を受けた商標について独占的に使用できる排他的な権利である。

　商標とは、文字・図形・記号やこれらの結合、色彩との結合したものをいう。商標の登録出願は、その商標を使用する商品・役務を指定して商標ごとに行う。登録商標に関しては、類似範囲にわたる他人の使用が侵害行為とされている。

　当該対象物が類似商標か否かという点については、一般的に外観・呼称・観念の3つの視点で検討される。また、実際にその商標が使用されている場合、取引の実情も勘案した上で判断することとなる。

豆知識㊸　知的財産権

　知的財産権には、大別して「著作権」と「産業財産権」がある。著作権は、言語や音楽など多様な表現形式によって、個人自らの思想・感情等を創作物によって表現した著作物を支配する権利であり、著作権法によって保護されている。産業財産権には、発明を保護する「特許権」、考案を保護する「実用新案権」、マーク等の営業標識を保護する「商標権」、デザインを保護する「意匠権」がある。そのほか、半導体の回路配置を保護する権利等も認められている。

漫画データの不正アップ行為

83

福岡地裁令和2年3月18日判決

> 根拠法条：著作権法23条1項、80条1項、119条1項
> 参考文献：裁判所web

ポ イ ン ト　不正利益獲得のための著作権侵害

事案概要

　Nは、Aら3名と共謀の上、平成29年5月11日頃、東京都内のB方において、パーソナルコンピュータを使用し、インターネットを介して、甲が著作権を有する著作物である漫画の画像データをインターネットに接続されたサーバコンピュータの記録装置に記録保存した。そして、その頃から同月17日までの間、インターネットを利用する不特定多数の者に自動的に公衆送信し得る状態にし、甲の著作権を侵害した。

　また、Nらは、5月29日頃、B方において、パーソナルコンピュータを使用し、インターネットを介して、乙が著作権を有し、丙社が出版権を有する著作物である漫画の画像データをインターネットに接続されたサーバコンピュータの記録装置に記録保存した。そして、その頃から同月31日までの間、インターネットを利用する不特定多数の者に自動的に公衆送信し得る状態にし、乙の著作権及び丙社の出版権を侵害した。

　Nは、著作権法違反で起訴された。

判決要旨　**有罪（懲役1年10月・執行猶予3年、罰金100万円）**

　本件各犯行は、Nと共犯者らが、他のウェブサイト上に違法にアップロードされていた多数の漫画や雑誌の画像データをインターネットを通じて収集し、Aが開設した「K」と称するウェブサイト上に、いわゆるアフィリエイトによる収益を目的として、その画像データを対価なく閲覧する目的でKにアクセスする者が目当ての著作物を検索しやすいように体系化して、権利者

に無断でアップロードすることを反復継続する中で敢行された。

　Ｎは、自身の勤務する店舗の経営者等として交流のあったＡから、Ｋの運営に携わるよう依頼され、その違法性を認識しながら結局は応じ、Ａとともに他のウェブサイトから漫画のデータを収集してＫ上にアップロードするようになり、更にはこれらの具体的方法を、趣味等を通じて交流のあったＢやその交際相手であるＣに指導し、Ｂらに行わせたりする中で、本件各犯行についても、Ｂに指示するなどして実行させるなど、主犯であるＡには及ばないとはいえ、本件各犯行で重要な役割を果たした。

　ＮがＫの運営に携わることで自身も200万円を超える利益を得たことも、その果たした役割の大きさを示すものであり、その刑事責任は軽視できない。

解説

　本件犯人らは、漫画雑誌の画像データを著作権者及び出版権者に無断でインターネット上のウェブサイトで公開し、不特定多数の者が無料で閲覧できるようにして、著作権者及び出版権者に損害を与えている。

　本事案のような違法な行為が継続された場合、著作物やその出版等により権利者が収益を上げる構造が破壊され、権利者の創作意欲や出版等の企業活動が減退し、著作物が広く社会に共有されることによる文化の発展が阻害され、社会的に悪影響が広がることとなる。

豆知識㊹　アフィリエイト

　アフィリエイトとは、インターネットを利用した成果報酬型の広告をいう。インターネットのサイト訪問者が、アフィリエイト広告をクリックして商品を購入する場合、広告主が定める条件を満たしていれば、アフィリエイト広告の管理者を通じて、サイト運営者に成果報酬が支払われる。

ヤミ金融業の指南役

84

福岡高裁平成22年8月5日判決

根拠法条：貸金業法11条、47条、出資法5条、組織的犯罪処罰法10条
参考文献：判時2095号

ポ イ ン ト　　小口ヤミ金融業の開設

事 案 概 要

　Rは、共犯者らと共謀して、平成21年4月頃から9月頃までの間、無登録で貸金業を営んだ。その間、4名の借受人から27回にわたり、法定利率を超える割合の利息を受領した。また、貸金業の登録を受けないで貸金業の広告を行い、犯罪収益等の取得につき事実を仮装した。

　Rは、貸金業法違反、出資法違反、組織的犯罪処罰法違反で起訴された。1審は、Rを有罪（懲役2年・罰金140万円）として、追徴金として147万円余りを命じた。Rは控訴し、量刑が重過ぎて不当である、などと主張した。

判 決 要 旨　　原判決破棄・有罪（懲役2年・罰金140万円・147万円余りを追徴）　確定

　Rは、長期間にわたってヤミ金融業を営み、客の窮状に付け込んで法定利率を相当超過する割合による文字どおり法外な利息を受領し、140万円を超える多額の不当な利益を上げていた。

　Rは、①Bがヤミ金融業を開業し軌道に乗るまでの間の指南役として、友人であり別の小口のヤミ金融業を営むCにBを手伝わせて、Bに小口のヤミ金融業のノウハウを教え込み、②Bが開業するヤミ金融業の開業準備資金や運転資金を提供し、③Bに対して、ヤミ金融業の収支明細が把握できるような金銭出納帳の作成を指示して、ほぼ毎日電話や携帯メール等により、新規顧客名、新規貸付額、受領利息額、回収元金額等、その日の業務の状況を逐一報告させ、④1週間に一度、総利益からBら従業員の給料を含む諸経費

（事務所家賃、電話代等）を差し引いて純利益を計算し、翌週の運転資金を除いた分をBから受け取り、その際運転資金が基準額に足りなければ補充し、⑤Bの給料を回収利息の3割と決定したほか、従業員等の採否やその給料額を決定し、⑥Bに対して常に「新規の客を増やせ」「客と信頼関係を築き、客を逃がすな」などと、強く指示していた。

　Rは、Bの開業したヤミ金融業の貸付審査、貸付実行、利息や元金の回収等の実行行為には一切関わっておらず、Bの依頼を受けて必要な資金を提供してヤミ金融業をやらせたという側面もあったにせよ、Bが行っていたヤミ金融業の唯一かつ最高の経営責任者であって、本件犯行を主導した。

解説

　本件は、ヤミ金融業を営む犯人に対する貸金業法違反（無登録営業罪）、出資法違反（高金利受領罪）、組織的犯罪処罰法違反（犯罪収益等隠匿罪）の事案である。本件犯人は、ヤミ金融業の実際の実行行為には一切関わっていなかったものの、その指南役として運転資金を拠出するなどしており、唯一かつ最高の経営責任者であって本件犯行を主導した、と判断された。

　なお、本判決では、1審判決においては追徴金額が示されていたものの、それが犯罪被害財産であることが明示されておらず、法令適用の誤りがあるとして破棄されたが、実際の刑罰等は1審判決の判断が維持されている。

豆知識㊺　ヤミ金融業者

　国や都道府県の登録を受けずに貸金業を営む業者。ヤミ金融業者の中には、出資法の制限を超える金利を課したり、人権を無視した取立てを行う者がいる。貸金業法が改正され、無登録業者の広告・勧誘が禁止され、取立行為の規制が強化されるなど、厳しいヤミ金融対策が適用されている。

不良債権の違法な管理回収

85

最高裁平成24年2月6日決定

> 根拠法条：債権管理回収業法3条、33条
> 参考文献：判時2145号

ポイント 貸金業者の無許可債権譲受け・管理回収

事案概要

　Vを代表者とするZ社は登録貸金業者であるが、自らは貸付業務を行わず、消費者金融業者から不良債権を譲り受け、その管理回収を行うことを業としていた。Vは、Z社の業務に関し、消費者金融業者2社から、不良債権を貸付残高の約6パーセント程度の廉価で大量に購入して、6名の債務者に対して支払いを請求し、合計142万円を回収した。

　本件債権の回収方法は、最終期日を10日後等に指定した上で、それまでに連絡がない場合には全額集金に行くか強制執行への移行など断固たる措置を執る旨記載するなどした書面を、債務者らにいきなり送付し、電話で督促するというものであった。債務者の勤務先の社長にも多大な迷惑、損害を及ぼすことになる旨記載した書面を送付したり、勤務先に宅配便の運転手を装って電話をして連絡先の電話番号を伝え、電話してきた債務者に支払要求をしたこともあった。そして、Vらは、債務者らと支払条件の交渉をして、分割払いの方法で債権の弁済を受けるなどしていた。

　V及びZ社は、債権管理回収業法違反で起訴された。1審及び2審は、Vらを有罪（Z社は罰金200万円、Vは懲役1年6月・執行猶予3年・罰金200万円）とした。Vらが上告した。

決定要旨 上告棄却

　　Z社が譲り受けた本件債権は、長期間支払いが遅滞し、譲渡元の消費者金融業者において全て貸倒れ処理がされていた上、その多くが利息制限法にのっ

とって元利金の再計算を行えば減額され又は債務者が過払いとなっており、債務者が援用すれば消滅時効となるものもあったなど、通常の状態では満足を得るのが困難なものであるところ、Ｖらは本件債権に関し、取立てのための請求をし、弁済を受けるなどしていた。

　本件債権の管理回収に関する営業は、債権管理回収業法2条2項後段の「他人から譲り受けて訴訟、調停、和解その他の手段によって特定金銭債権の管理及び回収を行う営業」に該当する。したがって、法務大臣の許可を受けないで、本件債権を譲り受けてその管理回収業を営んだ行為は、債権管理回収業法33条1号、3条に該当すると解する。

　また、Ｚ社の業務態様に照らしても、本件の無許可営業について社会的経済的に正当な業務の範囲内のものとみる余地はなく、違法性を阻却するような事情は認められない。

解説

　債権管理回収業法は、金融機関等の不良債権処理が喫緊の課題となっていた状況を背景に、弁護士以外の者が特定金銭債権の管理・回収を行えるようにするため、必要な規制を設けている。債権管理回収業務への反社会的勢力の関与を排除すべく、必要な手続規制や行為規制等も導入されている。

　最高裁は、本決定において、初めて貸金業者による不良債権の管理回収業務に関して、債権管理回収業法の違反行為となる旨判断した。

豆知識㊻　債権回収会社

　債権回収会社は、金融機関等からリースやクレジット債権など金銭債権を譲り受けるなどして、その金銭債権等の管理回収を行う。不良債権の処理等を促進するため、債権管理回収業法（サービサー法）に基づき、法務大臣の許可を得て業務を行う。

譲渡目的の携帯電話購入

86

東京高裁平成24年12月13日判決

根拠法条：刑法246条１項
参考文献：判タ1408号

ポ イ ン ト　**プリペイド式携帯電話機の大量購入**

事案概要

　H及びIは、共謀の上、第三者に無断譲渡する意図を隠して、携帯電話機販売店から、２日間にわたって、プリペイド式携帯電話機合計８台を、それぞれ４台ずつ自己名義で購入した。

　検察官は、第三者に無断譲渡する意図を秘して、自ら利用するように装って、プリペイド式携帯電話機の購入等を申し込む行為は欺罔行為に当たるとして、H及びIを詐欺罪で起訴した。

　1審は、携帯電話機販売店の店長は、H及びIが購入するプリペイド式携帯電話機を第三者に譲渡することなく、自ら利用するものと誤信したとは認められないなどとして、H及びIを無罪とした。検察官が控訴した。

判決要旨　**原判決破棄・有罪（H及びIともに懲役１年６月）　上告の後に上告棄却**

　　自己名義で携帯電話機の購入等を申し込んだ者が、真実、購入する携帯電話機を第三者に無断譲渡することなく自ら利用する意思であるのかどうか、換言すれば、本当は第三者に無断譲渡する意思であるのに、その意図を秘しているのかどうかという点は、申込みを受けた携帯音声通信事業者あるいはその代理店が携帯電話機を販売交付するかどうかを決する上で、その判断の基礎となる重要な事項といえる。

　　関係証拠によれば、本件当時既に甲社においても、自己名義で携帯電話機の購入等を申し込んだ者が第三者に無断譲渡する意図であることが分かって

　いれば、その申込みに応じて携帯電話機を販売交付することはしない、という取扱いをしていたことが認められる。
　第三者に無断譲渡する意図を秘して自己名義で携帯電話機の購入等を申し込む行為は、その行為自体が、交付される携帯電話機を自ら利用するように装うものとして、詐欺罪にいう人を欺く行為、つまり欺罔行為に当たると解する。

解説

　携帯電話機不正利用防止法（携帯音声通信事業者による契約者等の本人確認等及び携帯音声通信役務の不正な利用の防止に関する法律）では、プリペイド式を含む携帯電話機を購入した契約者に対し、当該携帯電話機を親族等以外の第三者に譲渡する場合には、あらかじめ通信事業者の承諾を得ることを義務付け、承諾を得ないで第三者に譲渡する行為を禁止している。
　また、携帯電話機を購入する者については、通信事業者は本人確認を行うことが義務付けられ、契約者名義の変更の際にも譲受人の本人確認を行った場合でなければ、譲渡の承諾はできないこととされている。
　本件犯人らは、プリペイド式携帯電話を10台集めるように知人から依頼を受け、販売店で大量に購入したもので、第三者への転売目的でなされたものと判断された。

豆知識㊼　グレーゾーン金利

　出資法の上限金利を超えないが、利息制限法の利率（年15〜20パーセント）を超える金利のこと。この範囲の金利は刑事罰の対象ではないが、みなし弁済規定により民事上有効となる可能性があった。以前は出資法の上限金利が年29.2パーセントであったため大きな問題であったが、現在では貸金業法改正によりみなし弁済規定が廃止され、出資法の上限金利も年20パーセントに引き下げられている。

ねずみ講類似の詐欺システム
87
横浜地裁平成14年 2 月28日判決

> 根拠法条：刑法246条 1 項
> 参考文献：裁判所 web

ポ イ ン ト
まやかしの経済理論による多額の金員詐取

事 案 概 要

　Xは、仲間と共謀し、Y株式会社の名称で「器の経済理論」を提唱し、Y社の代理店等になった者らを使って会員を募り、会員になった者が指定された商品購入費名目の入会費及び新規入会費の支払いを続ける限り、会員として高額の配当を受けることのできるシステムを作り上げた。このシステムでは、実際のところ後順位の会員を常に入会させなければ、先順位の会員は配当を得られず、また会員から受け取った入会費等は、Xらの個人的用途等に費やされ、システム自体が破綻していた。

　Xは、会員になれば短期間に拠出金以上の配当金が確実に得られるなどと虚偽の事実を述べて宣伝を行い、入会金名下に55名の被害者から、総額2,500万円余りをだまし取ったとして、詐欺罪で起訴された。

判 決 要 旨
有罪（懲役 4 年 6 月）

> 　Y社の行っていた事業は、実質的にはいわゆるねずみ講と同様なものであり、その構造上いずれ破綻することは明白であるのに、Xらは、詳細なパンフレットを準備したり、あるいはX自ら各地でセミナーを開催し、「器の経済理論」なるまやかしの理論をまことしやかに提唱して、会員になれば短期間に高額の配当を受け取ることができるなどとして会員を募集し、多額の金員を取得していたものであって、犯行は巧妙な計画に基づくものである。
> 　Y社の組織は、全国各地に代理店総数47か所、営業所総数のべ370か所にのぼっており、公訴事実に係る分だけでも被害金額は2,500万円を超え、被

害者の数も55名に上るなど、大規模かつ組織的な犯行である。

　本件と同種の悪徳経済事犯がこれまでにも度々社会問題となっており、X自身も「ネットワークビジネス」などと称する同様の事業に関与していた経験があるなど、本件犯行は模倣性が非常に高く、社会的影響も大きい。

解説

　ねずみ講は、関係者の射幸心をあおり、加入者のほとんどに経済的損失を被らせるとして、法律（無限連鎖講の防止に関する法律）によって、その開設・運営・加入・勧誘・助長行為が禁止されている。

　本件犯人は、「器の経済理論」というまやかしの理論を用いて、顧客に商品購入費名目の入会金及び買い支えを行わせ、それによって特別販売費名目で配当を受けることが可能となると宣伝しており、実質的にはねずみ講と同様の手法で金をだまし取っていた。

豆知識㊽　ねずみ講

　ねずみ講とは無限連鎖講ともいい、会員になることによって一定の金品を上位者に提供する義務を負い、その会員資格を得て下位者を勧誘すれば、その者らから金品の提供を受けられるというシステム。このシステムでは、下位者の勧誘が子会員、孫会員等無限に可能であればかなりの利益を得られるが、実際には無限の連鎖は不可能であるため、破綻することが必然的である。

88 真珠養殖に名を借りた出資法違反

松山地裁平成21年1月28日判決

根拠法条：出資法2条
参考文献：裁判所 web

ポ イ ン ト　**出資法上の「預り金」**

事 案 概 要

　Jは、宝石・貴金属類の加工・販売等を目的とする乙社の代表取締役であった。Fは、乙社総括本部長という立場で、顧客に対し乙会入会を勧誘していた。

　入会の流れは、以下のとおりである。①レストランで食事会を開催し、真珠の現物を展示し、真珠商品のカタログを見せるなどして勧誘を行う。②入会方法としては、口数（1口105万円）及び希望する真珠の種類を選び、申込書に氏名等を記入の上、指定口座に金員を振り込む。③振込み確認後、Fは1口につき40万円を手元に残し、残り65万円をJの個人口座に振り込む。Fは手元に残した金員を、自らや顧客勧誘に関わった者らで分配する。④真珠商品は、J側からFを経由して顧客に渡る。⑤顧客が会員となると、親戚や知人らを食事会に誘い入会を勧誘する。なお、顧客に渡す真珠商品は、Jらが業者から買い付けたものであり、仕入れ価格は10万円前後であった。

　Jは、出資法違反等で起訴された。

判 決 要 旨　**有罪（懲役4年）**

> 　出資法違反についてみると、乙社の真珠養殖事業に投資して会員となれば、1口105万円が1年7か月後に127万円になる、あるいは1口100万円が3年後に120万円ないし129万5,700円になるなどと、短期間での高額配当を保証するものである。
> 　とりわけ、Fのグループでは、各地で食事会を開き、その人脈により資産運用に関心のある者等を集め、その席上でFらが言葉巧みにJが資産家です

ばらしい実業家であることを強調し、その真珠養殖事業が順調に進んでいることを訴え、会員となった者には真珠商品を無料で提供する、他の人を新たに勧誘した会員には紹介料がその人の懐に入るなどとして、投資への意欲をかきたてるなど、その手口は非常に組織的かつ巧妙である。

　こうした勧誘により、起訴に係る分だけでも22名から合計7,020万円が集められ、結局、その大半に当たる約6,000万円が預託者に返還されておらず、多大な損害も生じている。預託者の中には、老後の生活資金をつぎこんだ者や、自らの親族や知人を積極的に勧誘して入会させたことで人間関係にも悪影響が出るなどした者もおり、被害回復がなされないこともあいまって被害感情はいずれも厳しい。

解説

　本件犯行グループによる勧誘トークは、真珠養殖事業に1口105万円を投資して事業参加すると会員となり、投資した後には毎月一定額が支払われ、合計で127万円が帰ってくる、しかもただで真珠がもらえることになる、知り合いを紹介すれば紹介手数料がもらえる、などというものであった。

　このため、顧客が出した金員の性格は、支払い期限までに配当を上乗せして確実に返還するとの約束の下でなされた、出資法上の「預り金」である、と判断された。

豆知識㊾　マルチ商法

　商品を販売しながら会員を勧誘するとリベートが得られるとして、会員を増やしながら商品を販売していく商法。商品を介在させた連鎖販売取引で階層組織を形成する。「ネットワークビジネス」「紹介販売」などとも呼ばれる。ねずみ講と類似しているが、金品ではなく商品を介在させている点が異なる。

89 耐震偽装マンションの販売
東京高裁平成21年3月6日判決

根拠法条：刑法246条1項
参考文献：判タ1304号

ポ　イ　ン　ト　　**不作為による詐欺行為**

事　案　概　要

　マンション販売会社の社長Kは、自社が販売する分譲マンションについて、構造計算書の計算結果が虚偽であり、建物の安全性が建築基準法に規定する構造計算によって確認されていないことを認識した。しかし、Kは、マンション購入者11名に対してその事実を告げず、残代金の支払請求をそのままにして、11名から会社名義の銀行口座に合計4億1,400万円余りを振込入金させて、だまし取った。

　Kは詐欺罪で起訴された。1審は詐欺罪の成立を認め、Kを有罪（懲役3年・執行猶予5年）とした。K及び検察官が控訴した。

判　決　要　旨　　**控訴棄却**

　本件物件は、Nが構造計算書を改ざんし、その安全性が建築基準法に規定する構造計算によって確認されていない、いわゆる耐震強度偽装物件の一つであった。Kは、自社やその関連会社の役員等からの報告等によって、本件物件はNが構造計算書を改ざんした物件（マンション）であり、その購入者への引渡しが翌日であることを認識した。本件物件の安全性に問題があることを全く知らない購入者らに対し、事実を告げるなどして残代金の支払請求を一時的にでも撤回すべきであったのに、そのような指示をすることなく、購入者らに残代金を振込入金させた。

　Kの犯行は、マンション業者を信用するしかない購入者らの信頼を裏切るもので、マンション販売会社の社長として無責任極まりない犯行であった。

|解|説|

　新築分譲マンション販売時において、構造計算書の計算結果が虚偽であって建物の安全性が建築基準法に規定する構造計算によって確認されていないということは、そのマンション居室の購入者にとって、建物の安全性に関する重大な瑕疵である。顧客側でそのような問題があるとの情報を得れば、契約を見直したり残代金の支払いを拒絶しようとしたりすることも、十分想定できる。民法及び売買契約上の信義誠実の原則からいっても、販売会社側から買主に対し瑕疵がある旨を告げるなどして、予定されていた残代金の支払請求を、一時的にでも撤回すべき義務があると考えられる。

　本件マンション販売会社は、デベロッパーとして相当数の耐震偽装物件を抱えていたことから、その後破産手続が開始され、本件犯人も破産手続が開始されて自己の財産を失った。分譲マンションのデベロッパーには、一般消費者に安全な商品を提供する責任がある。

　本件犯人は、物件引渡しの前日になって構造計算書が改ざんされた物件であることを知り、物件引渡しを中止すれば多くのトラブルが発生し、社会的にも大きな問題となって多大な影響が及ぶと予想されたため、求められる事実の告知等を行わなかった。本判決では、このような不作為について重大な責任がある、と判断した。

豆知識㊿　　**耐震基準**

　建築物等の構造物が、どの程度の耐震能力を持っているかを保証する基準。建築基準法令で定められており、建築を許可するか否かの基準ともなっている。地震は複雑な自然現象であるため、耐震基準は現在の知見や技術水準に基づいて「建物を使用する人の安全を確保する」という観点で定められている。

和牛受精卵の不正輸出幇助

大阪地裁令和元年12月25日判決

根拠法条：家畜伝染病予防法37条1項、63条、家畜改良増殖法14条、38条、
関税法67条、111条1項
参考文献：裁判所 web

ポイント　家畜遺伝資源の国外への流出事案

事案概要

　Tは、徳島県内において牛の牧場を経営していた。Tは、平成30年6月28日頃、
法定の除外事由がないのに、和牛の体内受精卵及び精液（牛の体内受精卵を注入
して封を施したストロー235本及び牛の人工授精用精液を注入して封を施したス
トロー130本）を、それぞれ家畜体内受精卵証明書ないし家畜人工授精用精液証
明書を添付しないで、大阪府内まで届けさせ、Aに譲り渡した。

　Aは、共犯者Bと共謀して、税関長の許可を受けないで、和牛の体内受精卵及
び精液を中華人民共和国に向けて不正に輸出することを企てていた。Aらは、6
月29日、大阪府内岸壁に停泊中の外国船舶にBが乗船する際、あらかじめ家畜防
疫官が行う検査及び輸出検疫証明書の交付を受けないで、上記の和牛の体内受精
卵及び精液を手荷物として客室に持ち込み、本邦から不正に輸出した。

　Tは、家畜伝染病予防法違反幇助、関税法違反幇助、家畜改良増殖法違反で起
訴された。

判決要旨　有罪（懲役1年・執行猶予3年、追徴金473万円）

　本件の量刑の中心となる家畜伝染病予防法違反幇助及び関税法違反幇助の
点についてみるに、輸出した牛の受精卵等は多量である上、本件の不正輸出
に係る牛の受精卵等が家畜の体内への直接移植等やこれによる繁殖を予定す
るものであることからすれば、当該受精卵等に病原体が含まれていれば輸出
先国等への伝染性疾病の伝播を引き起こす危険性が高かったといえ、日本か
ら輸出される動物・畜産物等に対する家畜衛生上の国際的な信用をも失わせ

るものといえる。

　さらに、牛の受精卵等は、輸出先国である中華人民共和国との間で家畜衛生条件が締結されていないため、家畜防疫官の検査を受けても輸出検疫証明書の交付が受けられないにもかかわらず、本件においてこのような牛の受精卵等が密輸出されていることも、本件の悪質さを高める。

　このような犯行に際し、Ｔは、自ら経営する牧場の在庫である受精卵等を正犯者らに譲り渡すという、犯行に不可欠な行為を473万円もの対価を得て行っており、幇助にとどまるとはいえ、その寄与の程度は高い。

解説

　和牛を始めとする日本の畜産物は世界的にも評価が高まっており、高品質な畜産物を生産する上で、家畜人工授精や家畜受精卵移植等が行われている。このような状況下で、本件の和牛の精液と受精卵の不正輸出を図る事案が発生した。

　これを受けて、家畜人工授精用精液等について、知的財産としての価値の保護や流通の適正化が強く求められることとなった。このため、家畜遺伝資源に係る初の知的財産立法として、「家畜遺伝資源に係る不正競争の防止に関する法律」が制定され、令和 2 年10月 1 日に施行されている。

　この法律では、家畜遺伝資源を知的財産と位置づけ、その成果冒用行為を不正競争として類型化し、民事上の救済措置を整備するとともに、刑事罰による抑止を図ることとしている。刑事罰では、図利加害目的を持って、詐欺等の違法な手段によって領得したり、譲渡したりする行為等を禁止している。また、悪質の転得者による使用や譲渡等も禁止している。さらに、個人には最高1,000万円、法人には最高 3 億円以下の罰金刑も導入されている。

91　生活保護費の詐取

札幌地裁平成20年6月25日判決

> 根拠法条：刑法246条1項
> 参考文献：裁判所 web

ポイント　生活保護費の巨額濫用

事案概要

　P及びQは、平成18年3月以降、障害年金及び児童手当以外に収入がない世帯として、C市から生活保護法に基づく生活保護開始決定を受け、生活扶助費等（生活扶助費、住宅扶助費、教育扶助費、医療扶助費等）及び通院移送費を受給していた。Pらは、実際には、病院通院時に移送に当たっていた介護タクシー会社に支払われていた通院移送費の一部を、「還流金」として受け取っており、毎月240万円ないし917万円の収入を得ていた。

　Pらは、これらの事実をC市に届け出ることなく、C市から生活扶助費等388万円余りを詐取し、さらに介護タクシー会社と共謀して、通院移送費として合計2億215万円を詐取した。Pらは詐取した金銭によって、次々と自動車を購入したり、女性との交際費や飲食店での飲食代等の遊興を繰り返していた。

　Pらは、詐欺罪等で起訴された。公判において、弁護人は市の不適切な対応によって被害が拡大した、などと主張した。

判決要旨　有罪（Pは懲役13年、Qは懲役8年）

> 　Pらは、生活保護を受けていた。その生活保護給付の一部として、Pらが病院へ通院する際の費用（通院移送費）が、運送に当たる介護タクシー会社に支払われていた。
> 　ところが、Pらは、同会社に支払われた通院移送費の一部に当たる金銭を、会社からもらっていた（還流金）。Pらの世帯では、平成18年10月以降の13か月で、合計8,478万円に達する多額の収入があった。にもかかわらず、Pら

は収入のあったことを届け出ずに、市から13か月分の生活扶助費等合計388万円余りを詐取した。また、通院移送費を請求し、その一部については介護タクシー会社の者と共謀して、あたかも正規のルートを往復したように装って（架空移送）、通院移送費合計 2 億215万円をだまし取った。

　このような犯行は、国民の生活保護制度の在り方に対する信頼を大きく揺るがせたものであり、その社会的影響の大きさも看過することはできない。

解｜説

　本件犯人らは、1 年以上にわたって、毎月生活扶助費等を不正受給し続け、通院移送費の不正請求を繰り返していた。犯人らと介護タクシー会社との間で作り上げられた通院移送費の還流システムは、第三者には容易に把握し難いものであった。特に、架空移送分については、介護タクシー会社側において、運行表に虚偽の行程を記入してその体裁を整えるなどして、犯行の発覚を免れるための周到な手段を講じていた。

　本件犯行の被害額は、2 億円余りにのぼっている。被害にあった市の当時の生活保護予算は12億円余りであり、その予算のかなりの部分を食い物とした、巨額公金詐欺事案であった。

92 高齢者に対する偽社債販売

神戸地裁平成25年12月12日判決

根拠法条：刑法246条1項
参考文献：裁判所 web

ポ イ ン ト　**会社ぐるみの偽社債の販売**

事 案 概 要

　Wは、東京都内にあった丙社に勤務していた。丙社は、住宅型有料老人ホームや診療所を開業した事実はなく、その開業の目処も立っていなかったが、社債を発行することとした。

　Wは、大阪府内のE（当時85歳）に、内容虚偽の丙社パンフレットを送付し、その後に電話をかけ「丙は医療事業をやってます。老人ホームもやっていて、社債を発行しています。優良企業です。社債は高配当です。元本保証だから損はしません。」などと嘘を言ってEを誤信させ、社債購入代金として合計500万円の現金を交付させた。

　また、Wは、神戸市内のF（当時83歳）に、内容虚偽の丙社パンフレットを送付し、その後に電話をかけ「私どもは病院事業をしている会社です。老人ホームを建設中で、建設資金として社債を募集しています。1口10万円で、1年ものは年8パーセントの配当です。元本は保証しますので、1年ものなら1年後に全額償還します。」などと嘘を言ってFを誤信させ、社債購入代金として1,000万円の現金を交付させた。

　Wは詐欺罪で起訴された。公判において、Wは詐欺の故意がなかった、などと主張した。

判 決 要 旨　**有罪（懲役5年）**

　Wは、本件社債の利率を知っており、外部の販売グループに対しては6割ないし7割のコミッションを支払っている、という認識であった。また、本

件グループによる社債の販売実績は合計約2,500万円であり、Wは、外部の営業グループと比較して、販売規模が最も小さいものと認識していた。さらに、Wは、丙社が設立当初から資金難であり、事業資金借入れに対する利息の支払いを滞らせるなど財務状況が悪く、設立から本件に至るまで収益の上がる事業を行っておらず、本件社債以外には見るべき収入がなかったことも知っていたと認められる。

　これらの事実によれば、Wは、本件当時、丙社には本件社債の購入者に対して利息の支払いと元本の償還を、約定どおり履行する能力がなかったことを認識していた。Wは、丙社が約定どおりに社債を償還する能力がないのに、それを秘して社債を販売していたことを認識していた。よって、詐欺の故意を認定できる。

解説

　本件は、会社ぐるみで、裏付けとなる事業活動が全くなされていない社債を、高齢者に対して販売した悪質な事案である。その手法として、投資家に対し、投資判断において重要な事項を偽る虚偽の社債パンフレットを作成し、それを送付することを、詐欺行為の基礎としていた。

　社債購入者からのクレームについては、警察等に被害申告がされないように、一部返金するなどして購入者の納得を得ながら、会社に悪い条件とならないように交渉していた。

93 遺言執行者による相続財産横領

神戸地裁平成26年9月2日判決

> 根拠法条：刑法253条
> 参考文献：裁判所 web

ポイント 司法書士による悪質な職務犯罪

事案概要

　司法書士であるYは、Aと任意後見契約、財産管理等委任契約を締結して、財産管理の委任を受け、Aの遺言公正証書により、「遺言執行者」として指定されていた。Aの遺言は、全ての財産を換価して費用負債等を支払い、残金を叔父と公益信託基金に均等に遺贈する、との内容であった。

　その後、Aが死亡し、Yが遺言執行者となった。Yは、Aの口座のある銀行に対して、相続関係書類や払戻請求書、振込依頼書等を提出して、A口座の預金合計約750万円余りを、Y自身の銀行口座に振込送金させた。

　Yは、業務上横領罪で起訴された。公判において、Yは、銀行側から預金口座を解約して欲しいと求められ、急遽解約手続をしたので、キャッシュカードを所持していた自分の口座を振込先として指定したものである、などと主張した。

判決要旨 有罪（懲役2年6月・執行猶予3年）

> 　本件Y口座は、司法書士会の法律相談報酬等、少額の入金があるほか定まった多額の入金はなく、Yの生命保険、医療保険等の保険料の支払い、スポーツクラブの会費の支払い、Yのクレジットカードの支払い口座として、使用されていた。なお、Yの司法書士事務所の家賃の支払いも、この口座からカード振込により行われていたが、Yの会計上は、現金による家賃の支払いとして記載していた。このように、本件Y口座は、主としてYの個人的な用途に利用していた口座である、と認められる。
> 　受任者が保管している他人の預金の払戻金を自己名義で預金し、あるいは

自己の預金口座に預け入れる行為は、特段の事情がない限り、横領罪を構成する。もっとも、これがもっぱら委託者本人のためになされたと認められる場合には、不法領得の意思を欠き横領罪を構成しない、と解されている。

本件入金後の事実経過をみると、委託者（受遺者）のためにしたことを推認させる事実は、調停を申し立てられる以前には見いだすことができず、かえって、

① 本件Ｙ口座は、主にＹの個人的な用途に使用される口座であること

② Ｙは、本件入金について会計ソフトに記載せず、ほかに本件入金を自己の財産等他の金と区別する趣旨で記載した記録は、見当たらないこと

③ 本件Ｙ口座の残高は、本件入金後に個人的な用途に費消されることにより漸減し、本件入金額を下回ったが、Ｙの財産から補塡されることはなかったこと

など、Ｙ自身のためにしたことを推認させる。

本件入金については、Ｙに不法領得の意思が認められるので、本件について業務上横領罪が成立する。

解説

本件は、成年後見センター・リーガルサポートの成年後見人として、遺言執行者に就任することになった司法書士による相続財産の横領事件である。

本件犯行は、司法書士に対する社会の信用を失墜させるものであり、犯人は懲戒処分により司法書士登録を取り消されている。

豆知識(51)　相続の遺留分

相続人に対して留保された相続財産の割合。相続財産には相続人の生活保障の要素もあり、相続人の潜在的持分が含まれることも多いなどの理由から設けられている。原則的には、相続財産の２分の１（直系尊属は３分の１）である。権利行使は相続人の自由であるが、財産返還を請求することを、遺留分減殺請求と呼ぶ。

94 金地金の無許可輸入
福岡高裁平成30年 7 月20日判決

根拠法条：関税法67条、111条 1 項、消費税法64条 1 項
参考文献：裁判所 web

ポイント 組織的計画的な金地金の密輸取引

事案概要

　Mは、平成28年11月頃までに、漁船原簿から抹消されていた本件船舶を約1,000万円で購入し、小型船舶登録を行った。共犯者Aらは、平成29年 3 月、本件船舶を青森県内の漁港から長崎県壱岐市内の漁港まで回航し、造船所で修理を行った。

　Aらは、 4 月15日、本件船舶に乗船して出港し、海上で外国船に接舷して金地金を積み替え、翌日深夜、漁港に帰港した。その後、共犯者Bらは、密輸した金地金を載せて自動車で東京まで赴いて、中国人共犯者に渡した。この際の報酬として、中国人共犯者から130万円が渡された。

　Aらは、 5 月29日、本件船舶に乗船して出港し、東シナ海の公海上で外国船に接舷して本件金地金を積み替え、31日深夜、佐賀県唐津市の漁港に到着した。共犯者Bらは、漁港において、本件船舶から金地金の入ったリュックサック在中のコンテナボックスを運び出し、自動車に積み込んだ。その際、捜索を受けて、本件金地金が発見された。

　これら一連の金地金の密輸において、Mは、中国側首謀者との間で、本件密輸に関する費用の負担や利益の分配について交渉し、費用として支払いを要求した現金を受け取っていたほか、本件船舶の船員を確保するなどしていた。

　Mは、関税法違反、消費税法違反、地方税法違反で起訴された。 1 審は、Mは一連の金地金密輸の日本側の中心人物であると判断し、有罪（懲役 2 年、罰金150万円）とした。Mは控訴し、金地金の仕入れには関与しておらず、密輸される金地金の量を知ることはできなかったなどと主張した。

判決要旨　**控訴棄却**

　　Mは、共犯者らと共謀の上、東シナ海公海上で、共犯者らに、金地金合計205キログラム余りを外国船から共犯者らの乗る本件漁船に積み替えさせ、本件船舶を日本国内の岸壁に接岸させて本件金地金を陸揚げさせ、税関長の許可なく本件金地金を輸入するとともに、不正の行為により消費税5,860万円余及び地方消費税1,581万円余を免れた。

　　Mらは、税関を通過することなく大量の金地金を輸入し、金地金の価格の8パーセントに当たるわが国での消費税及び地方消費税分の利益を得ようとしたのである。本件犯行は、10名以上の中国人及び日本人が犯行の計画、準備及び実行に関与し、205キログラムを超える金地金を密輸するというものであり、計画的で組織性の高い大掛かりな犯行である上、合計7,441万円余もの巨額の消費税及び地方消費税を免れた結果も重大であり、同種犯行を抑止するためにも厳しい処罰が必要である。

　　Mは、金地金を公海上で積み替えるため、本件船舶を購入して航行できるようにするなどの準備をし、本件船舶を金地金の積み替えのため壱岐市に回航させている上、日本側の共犯者らを代表して、中国側で金地金の密輸を首謀していた者と費用の負担や利益の分配について交渉している。Mは、本件犯行を主導しているから、共犯者の中で最も重い責任を負うべき一人である。

解説

　本件は、多人数の共犯者が関与した組織的計画的な大量の金地金の密輸入事犯である。

　密輸利益の配分方法をめぐっては、本件犯人は、密輸相手方との交渉において、船舶の修理や備品の費用として1航海当たり130万円の支払い、密輸利益の5パーセントに当たる金員の支払いを要求し、この条件でなければやらないし、船を売却するなどと要求していた。相手方は、この要求に対し、利益総額から経費を除いた残額の5パーセントを渡し、さらに前払いとして140万円、密輸が成功すれば80万円を加算して支払うと提案し、本件犯人はこれを了承していた。

偽造デビットカードによる現金窃取

95

福岡地裁令和2年9月30日判決

> 根拠法条：刑法163条の2、235条
> 参考文献：裁判所 web

ポイント 利用停止までの短時間での不正引き出し

事案概要

　本件犯行に用いられた偽造デビットカードは、実在する海外の銀行（南アフリカ共和国の銀行）が発行したマスターカードデビットカードの情報をホワイトカード等に不正に印磁して偽造されたものである。これらのカードは、首謀者Rが調達し、順次、仲介者や指示役を介して、末端の出し子に分配された。

　出し子は、犯行直前までカードの使用方法を教えられておらず、指示役から、開始の連絡を受けてから引き出しを開始すること、1回あたりの引き出し額、1枚のカードで連続して引き出すことができる回数などを指示されていた。

　平成28年5月15日午前6時11分頃から8時39分頃にかけて、福岡県内、長崎県内、佐賀県内及び千葉県内において、多数の者（出し子）らが、一斉に400枚以上に及ぶ偽造デビットカードを使用して、各地のコンビニエンスストアに設置された現金自動預払機から現金を不正に引き出し、合計9,590万円を窃取した。

　Sは、首謀者Rの側近として、各地の犯行を統括する仲介者との間の連絡役を担い、事前の準備から窃取金の回収に至るまで重要な役割を果たした。

　Sは、不正作出支払用カード電磁的記録供用、窃盗で起訴された。

判決要旨 有罪（懲役12年）

　本件は、主犯格の統率の下、大量の偽造デビットカードを調達し、九州や千葉の広域各県にまたがり、多数の実行犯を動員して、各地のコンビニエンスストアに設置された現金自動預払機から一斉に多額の現金を窃取したという、不正作出支払用カード電磁的記録供用及び窃盗の事案である。

　本件犯行は、周到な準備と計画の下で遂行された大規模な組織的犯行であり、その結果もたらされた被害額は合計9,590万円と多額に上る。決済システムの安定を害した程度も非常に大きく、社会的な影響も無視し得ない。本件の犯情は、本件の各罪が予定する犯罪類型の中では非常に重い。

　中でもSは、主犯格の側近として、主犯格と各地の犯行を統括する仲介者との間の連絡役を担い、事前の準備から窃取金の回収に至るまで、本件犯行の遂行過程の全般を通じて重要な役割を果たしている。その刑事責任は、本件に関与した全共犯者の中でも相当に重い。

解説

　本件犯行は、少なくとも400枚以上に及ぶ大量の偽造デビットカードを使用して、九州及び千葉の広域各県にまたがり、一斉に大量の現金を窃取し、その現金を東京にいる主犯格に集約することを計画した組織的犯行であった。

　出し子に対し、開始の連絡を受けてから引き出しを開始することや引き出し方法が具体的に指示されていたのは、最初の不正な引き出しから、これが認知されてカード利用が停止されるまでの間に、引き出しを行うためと推認された。

　このような本件犯行を、時機を逸せず遂行するためには、主犯格の意思を、末端の出し子に至るまで確実に伝達することが重要な意味を持っており、本件犯人はこのような役割を担い、重要な情報の仲介役を果たしていた。

豆知識52　デビットカード

　デビットカードとは、商品等を購入した際に、カードの利用と同時に自分の銀行口座から利用額が引き落とされる仕組みのカードである。口座預金残高の範囲内で利用可能だが、利用限度を設定することもできる。

第 7

諸法令事犯

96 列車無線の妨害
東京地裁八王子支部平成9年7月4日判決

根拠法条：電波法4条、110条1号
参考文献：判タ969号

| ポ | イ | ン | ト | 愉快犯による列車通信妨害

| 事 | 案 | 概 | 要 |

　Yは、無線の趣味を通じて知り合った仲間と共謀して、JRの電車区から防護無線通信装置を盗んで、ハンディなものに改造し、自動車の中でこれを操作して、違法電波の発信を繰り返して行った。Yらは、1日目には2分間に3回、2日目には11分間に7回にわたり、電波を発射した。

　これにより、JR電車の一部では、違法電波受信の影響で、緊急停止したり、発車を見合わせたりした。Yは、窃盗、業務妨害、電波法違反で起訴された。

| 判 | 決 | 要 | 旨 | 有罪（懲役1年2月）　確定

　Yは、共犯者らと共謀の上、窃取に係り携帯用に改造した防護無線通信装置から電波を発射して、JRの旅客鉄道業務を妨害しようと企てた。

　Yは、郵政大臣の免許を受けず、法定の除外理由がないのに、平成8年4月8日から5月3日までの間、前後2回にわたり、道路上を走行する普通乗用自動車内等において、携帯用に改造した防護無線通信装置を携帯して、周波数Wメガヘルツの電波を多数発射し、JRが運行管理する電車延べ21列車に設置してある防護無線通信装置に同電波を受信させ、右列車を緊急停止させ、又は発車を見合わせるなどさせて、その運行を遅延させ、もって偽計を用いてJRの業務を妨害するとともに、無線局を開設して運用した。

解説

　本件犯行は、無線趣味と鉄道趣味が合体したマニアックな集団による犯行である。犯行動機をみると、いたずらが高じた程度の認識しかなく安易であり、一種の愉快犯ともいえる。本件犯行の遂行過程では、防護無線装置の改造という特殊技能を持った共犯者の役割が大きいが、本件犯人も、主犯格ではないが主に運転手として関わっており、一般予防の観点から刑事責任は大きいと判断され、実刑が下された。

　電波法にいう「無線局の開設」とは、無線局を運用する意思をもって無線設備を設置し、電波を発射し得る状態にして操作できる者を配置し、運用可能な状態におくことをいい、「無線局の運用」とは、無線設備を操作して電波を発射し、無線通信を行うことをいう。本件では、盗んだ列車用防護無線通信装置を一部改造して、自動車内からその装置を用いて、電波を多数回発射しており、「無線局の開設及び運用」に該当することは明らかであった。

　電波発射による多数回にわたる列車妨害の点については、無免許での無線局の開設及び運用に該当するとして、包括して電波法違反に該当する、と判断された。また、電波受信電車の遅延ごとに偽計業務妨害罪が成立するものの、電波法違反が包括一罪と解されるため、「観念的競合」（刑法54条1項前段）の関係にあるとして、全体として一罪として処断されている。

豆知識㊳　不法無線局

　電波法では、電波の公平かつ能率的な利用を確保するため電波利用について規制を設けており、電波を利用する場合には、許可を受けなければならない。無許可で電波を利用している場合を「不法無線局」と呼ぶ。「不法無線局」の多くは、不法市民ラジオ、不法アマチュア無線、不法パーソナル無線である。

町長宅の電話盗聴

岐阜地裁平成9年11月21日判決

根拠法条：電気通信事業法179条1項
参考文献：判時1638号

ポイント　電話ボックスへの発信器設置による盗聴

事案概要

　Hは興信所を経営していたが、共犯者から町長の女性関係等のスキャンダルを調査することを依頼された。Hは、マンションの町長方加入電話の通話内容を、密かに録音して、盗聴することを企てた。Hは、マンション4階踊り場壁面に設置された電話用屋内ボックス内の端子盤に、発信器を取り付け、その電波を、マンション敷地内に駐車させた原付バイク内に秘かに設置した受信装置付録音機で受信して、録音できるようにした。

　Hは、上記の電話盗聴装置を用いて数週間にわたり、町長方の加入電話を利用した他人との通話内容を録音して、電気通信事業者が取扱中の通信の秘密を侵した。Hは、電気通信事業法違反で起訴された。

判決要旨　有罪（懲役10月・執行猶予3年）

　いうまでもなく、電話盗聴は、憲法上保障された通信の秘密や個人のプライバシーという重要な法益を侵害する、悪質な犯罪行為である。Hは、その業務の性質上、法を逸脱しないように常に自戒することが強く求められており、しかも電話盗聴の違法性を十分に認識していたのに、共犯者から調査依頼を受けた際、経費を少額に抑えることができるという安易な理由から、電話盗聴という調査方法を紹介した上、業としてこれに及んでいる。

　電話での通話内容を盗聴され、それを録音したテープが出回っていることを知って、言いようのない恐怖にさいなまれた町長らの厳しい被害感情に照らしても、Hの刑事責任は軽視することができない。

|解|説|

　本件は、興信所経営者が、共犯者の依頼を受けて、町長の女性関係等のスキャンダルを調査するために、同町長と他人との電話の通話内容を盗聴したという、電気通信事業法違反の事案である。

　共犯者は、盗聴テープを利用して産業廃棄物処理施設設置の是非をめぐる問題を、有利に進展させようとしていた。

98 水上オートバイの暴走事故
岐阜地裁平成29年3月30日判決

根拠法条：刑法211条、小型船舶操縦者法23条の33、31条
参考文献：裁判所 web

ポ イ ン ト　操船技能未熟者が引き起こした死傷事故

事 案 概 要

　Wは、特殊小型船舶操縦士の操縦免許証を持たず、平成28年6月12日午後2時45分頃、岐阜県内の木曽川において、特殊小型船舶（水上オートバイ）に操縦者として乗船した。Wは、水上オートバイをあえて操船するからには、ハンドル及びスロットルレバーを的確に操作し、他の船舶等との衝突を未然に防止すべき注意義務があるのにこれを怠った。

　Wは、前記日時頃、水上オートバイの操船を開始し、左に旋回させるに際し、過剰にスロットルレバーを引いて急加速させた。さらに、急加速にしたことに驚愕し、減速しようとして誤って更にスロットルレバーを引いて、水上オートバイを時速約70キロメートルで下流から上流に向けて暴走させた。

　折から、同河川を上流から下流に向けて進行してきたA操船の水上オートバイにロープで曳航されていたゴムボートに乗船していた甲（当時35歳）、乙（当時8歳）、丙（当時10歳）及び丁（当時3歳）に、Wは自船を衝突させた。この衝突事故により、丙及び丁は重傷を負って、搬送された病院で死亡した。また、甲は加療約4か月間を要する骨盤骨折等の傷害を負い、乙は加療約28日間を要する左大腿骨骨折等の傷害を負った。

　Wは、重過失致死傷、小型船舶操縦者法違反で起訴された。

判 決 要 旨　有罪（禁錮2年、罰金10万円）

　　Wは、無免許で水上オートバイに乗ったというだけでなく、本件事故を起こす日まで水上オートバイを操船した経験自体もなく、その操船技術は極め

て未熟であった。水上オートバイの無免許運転自体は、厳格な規制がされている自動車の無免許運転などと同列には考えられないにしても、水上オートバイで衝突事故などを起こせば重大な結果が生じるであろうことは容易に想定できることからすれば、多数の利用者で混雑している木曽川において、無免許でかつ未熟な操船技術しか持たないWが水上オートバイに乗船すること自体、相当に危険な行為である。

　それにもかかわらず、自らの楽しみを優先して水上オートバイに乗船し、その操船技術の未熟さゆえに、運転操作を誤って本件事故を惹起したWの過失の程度は重く、かかる行為を行ったWに対する非難の程度も軽いものではない。

解説

　本件は、犯人が、河川において水上オートバイを無免許で運転していたところ、その操作を誤った重大な過失により水上オートバイを暴走させた結果、ゴムボートに乗船していた4名に水上オートバイを衝突させて傷害を負わせ、うち2名を死亡させた事案である。

　弁護人は、本件事故の発生について被害者側の事情も寄与していた旨主張した。しかし、本判決では、本件事故は、未熟な操船技術しか持たない犯人が水上オートバイ操作を誤って暴走させ、被害者らの乗るゴムボートに衝突して起きたものであり、ゴムボートを曳航していた水上オートバイの運転状況などからすると、被害者側としてはそもそも避けようのない事故であって、弁護人の主張は理由がないと判断された。

99 指定侵入工具の隠匿携帯

東京地裁平成16年5月25日判決

根拠法条：ピッキング防止法4条、16条
参考文献：判タ1176号

ポイント　ピッキング防止法の「隠匿」

事案概要

　深夜、警察官がパトカーで警ら中、駐車禁止場所に見慣れない車両が駐車していた。運転席にいたLは、警察官と目が合うと、驚いた様子で下を向いた。警察官らは不審に思い、パトカーから降車して、Lに運転免許証の提示を求めた。Lは落ち着きのない態度で免許証を出したため、警察官は、Lに対して所持品検査を求め、その承諾を得て、所持品検査を実施した。

　同僚の警察官らが、集光器で車内を照らしてL車両内の見分を実施し、コンソールボックス内でカッターナイフ2本を発見した。これについて質問すると、Lはしばらく黙っていたが、「物騒、危ないから持ってます」と答えた。その後、運転席シート横に、ドライバーが置いてあるのを発見した。これについて質問すると、Lはしばらく黙っていたが、「別に理由はありません」と答えた。

　警察官らはLに警察署への任意同行を求め、ドライバーの所持について、ピッキング防止法違反でLを現行犯逮捕した。Lは、ピッキング防止法違反及び銃刀法違反（カッターナイフの所持）で起訴された。

判決要旨　有罪（懲役10月・執行猶予3年）　確定

　ピッキング防止法4条にいう「隠して携帯」するとは、これらの指定侵入工具を日常生活を営む自宅ないし居室以外の場所において、いつでも使用できるような状態で、かつ、他人が通常の方法で観察した場合その視野に入ってこないような状態、すなわち人の目に触れにくい状態で身に帯びるとか自己の身辺近くに置くことによって、事実上その支配下に置いている状態をい

うと解される。

　本件ドライバーは、L車両の運転席ドアと運転席シートの間の隙間で、トランクレバーの下に置かれていた。運転席ドアを閉めた時に外部から見ることができない状態にあったのはもちろん、運転席ドアを開けた時でも本件ドライバーの大部分がシートの下に隠れてしまっていたため、一見しただけではそれと気付かず、気を付けて見ないと見過ごしてしまうような状態で置かれていたと認められることからすれば、客観的には「隠して携帯」していた場合に当たる。

解説

　ピッキング防止法は、建物への侵入犯罪の増加が大きな社会問題となっていたことから、建物に侵入して行われる犯罪の防止に資することを目的に、平成15年に施行された。本法では、建物侵入に結び付く危険性の高い器具を、業務その他正当な理由によらずに、所持又は隠匿携帯する行為を禁止している。

　具体的には、特殊開錠用具の所持を禁止する（3条）とともに、指定侵入工具を隠して携帯することを禁止している（4条）。指定侵入工具はドライバーやバールなどであるが、これら建物侵入の用に供されるおそれが大きい工具は、建物侵入という法益侵害に結び付く蓋然性が高く、その危険性が大きいとみられる。

豆知識54　　ピッキング用具

　ピッキング用具は、施錠された状態にある錠を、本来の方法によらないで開くための器具である。侵入犯罪に多く使用されているため、ピッキング防止法で規制されている。ピッキング用具には、特殊開錠用具（シリンダー回し、サムターン回し等）と指定侵入工具（要件該当のドライバー、バール等）がある。

拾得物の報労金請求額の妥当性

100 京都地裁平成19年7月17日判決

根拠法条：遺失物法28条
参考文献：裁判所 web

ポ イ ン ト　拾得物の経済的価値

事 案 概 要

　Vは、自宅前で、本件株券が入った鞄を自転車のかごに入れていたところ、何者かにその鞄を窃取された。Vは、すぐに株券盗難の旨を証券会社に連絡した。Rは、その3日後に池で釣りをしていたところ、本件鞄が流れてきたので、すくい上げた。Rは、これを自宅に持ち帰って乾かし、翌日株券が入っていることを確認し、最寄りの交番に届け出た。

　Vは、警察から拾得届出について連絡を受け、Rに電話した。その数日後、RはV宅を訪れて、本件株券の報労金を請求した。Vには報労金を支払う意思がなく、支払いを拒否した。その後、Vは警察に出向いて、Rから脅迫されたと訴えたが、警察では脅迫に当たらないと判断した。Rは、弁護士の発信した内容証明郵便を受け取ったため、Vに電話したが、その電話の中で売り言葉に買い言葉となり、互いに激しい言葉遣いとなった。

　Rは、遺失物法に基づく報労金請求訴訟を提起し、Vに対して、261万円余りの支払いを請求した。

判 決 要 旨　**VはRに125万円余りを支払え**

　Vは、証券会社に、本件株券が盗難の被害にあった旨を電話で連絡した。また、Vは、本件株券の名義書換代理人である信託銀行に対し、株券喪失登録の申請を行った。

　しかしながら、Vが本件株券について株券喪失登録の申請を行っても、本件株券が無効となるのは、登録日の翌日から1年間を経過した日であり、そ

の間に、本件株券が善意取得されるおそれがある。Rが本件株券を取得した池には、R以外にも、釣りをする者やその清掃をする者が出入りしていることからすると、その拾得場所や拾得状況から、本件株券が善意取得されるおそれがないとはいえない。

　本件株券にかかる価値からすると、報労金算定の基礎となる本件株券の経済的価値は、株式の価値の80パーセント相当額である1,044万円余りと認められる。本訴訟に現れた諸事情を考慮すると、RのVに対する報労金の割合は、12パーセントとするのが相当である。したがって、RがVに対して請求できる報労金の額は、125万円余りが相当である。

解説

　本件遺失物の拾得者は、当初拾得した鞄を利用しようと考え、中身をあたりにばらまいて、放置していた。すると、その中に、株券が入っていることを示す文言のある封筒があることに気付き、封筒が濡れていたため、その場で確認すると破れるおそれがあったので、自宅に持ち帰って乾かして、交番に届け出た。

　本判決では、この経緯に関して、拾得者は全てを拾い集めた上で、拾得物として届け出るべき義務を負っているわけではないから、拾得物全てを届け出なかったとしても、非難できないと判断している。

豆知識⑤⑤　　遺失物の報労金

　遺失物法では、遺失者は、拾得物の価格の5パーセント以上20パーセント以下に相当する報労金を、拾得者に支払うこととされている。これは、善意の行為に対する謝礼と解されている。具体的な額については、遺失者と拾得者の間で決すべきものとして、警察は介在しない。

101 電子チケットの不正転売
大阪地裁令和2年8月27日判決

根拠法条：チケット不正転売禁止法3条、9条、刑法159条1項、161条1項
参考文献：裁判所web

ポイント　インターネット等を通じたチケットの不正転売行為

事案概要

　Kは、大阪市内で開演される舞台公演の興行主であるA社の事前の同意を得ないで、業として、令和元年6月22日、大阪市内において、甲に対し、それを提示して舞台公演に入場することができる証票であるQRコード等をスマートフォンの画面上に表示させて交付する方法により、特定興行入場券である舞台公演の電子チケット販売価格を超える代金4万円で譲渡した（チケットの不正転売）。

　また、Kは、6月30日、札幌市内のK方において、行使の目的で、パソコン及びプリンター等を用いて、「身分証明書　訪問介護職員（ヘルパー）O　株式会社J」などと記載された画像を印刷した上、これをプラスチックカードに貼り付け、自らの顔写真を貼付するなどして、株式会社J作成名義の身分証明書1通を偽造した。そして、同日午前11時頃、東京都内で開催される舞台公演の入場口において、入場者の身分確認を行っていたスタッフに対し、偽造身分証明書を真正に成立したもののように装って提示した（有印私文書偽造・同行使）。

　さらに、Kは、大阪市内で開演される舞台公演の興行主であるA社の事前の同意を得ないで、業として、9月1日、大阪市内において、それを提示して舞台公演に代表者及び同行者の2名が入場することができる証票であるQRコード等を乙のスマートフォンの画面上に表示させて交付し、乙及び丙を引き合わせ、乙が代表者、丙が同行者として舞台公演に入場するよう説明した上、特定興行入場券である舞台公演電子チケットをいずれも販売価格を超える代金13万3,000円で乙に、代金12万5,000円で丙に譲渡した（チケットの不正転売）。

　Kは、チケット不正転売禁止法違反（チケットの不正転売）及び有印私文書偽造・同行使で起訴された。

判決要旨　有罪（懲役1年6月・執行猶予3年、罰金30万円）

　Kは、アイドルグループの公演を良い席で見たいなどと考え、転売されているチケットを複数入手するなどした上で、偽造身分証明書を利用して公演に入場するほか、残りのチケットを転売し、得た利益をチケットの購入代金に充てるということを繰り返す中で、本件各犯行を敢行した。

　その動機や経緯に酌むべき事情は特に認められない。Kの犯行は、興行入場券の適正な流通を阻害し、不正転売の防止に対する興行主の努力を無にするものである。

解説

　これまでチケットの転売は、「ダフ屋行為」として都道府県迷惑防止条例等で取り締まられてきた。近年は、インターネット上でのチケット転売が多くみられるようになったが、インターネット上の売買は「公共の場所」での売買とはいえないため、迷惑防止条例による取締りを行うことができなかった。そのため、チケット不正転売禁止法が制定され、令和元年6月14日に施行された。

　チケット不正転売禁止法は、国内で行われる映画、音楽、舞踊等の芸術・芸能やスポーツイベント等のチケット（特定興行入場券）のうち、興行主の同意のない有償譲渡を禁止する旨が明示されて座席指定等がなされたチケットの不正転売等を禁止する法律である。なお、不正転売とは、興行主に事前の同意を得ずに反復継続の意思をもって行う有償譲渡であって、興行主等の販売価格を超える価格でチケットを転売することを意味する。

豆知識56　ダフ屋

　入場券、観覧券などのチケット類を転売目的で入手し、チケットを買えなかった人や買いたい人に、高く売り付ける者をいう。「ダフ」という言葉は、「ふだ（札）」を逆さにした隠語である。多くの都道府県において、迷惑防止条例でダフ屋行為を禁止している。

102 近隣住民に対する怒号

大阪地裁平成20年11月11日判決

根拠法条：暴力行為等処罰法1条の3
参考文献：裁判所 web

ポイント　脅迫行為に該当する罵声

事案概要

　Aは、約5年前にH方の隣に転居してきた。それから1年くらいすると、HがA方の壁を叩いたり、Aに罵声を浴びせたりするようになった。Hは、Aに対して「馬鹿野郎」「死ね」「お前ら人間とちゃう」などと怒鳴った。Aは、当初は、Hに対して「何言ってんねん。お前おかしいのとちゃうか」などと言い返していたが、話し合いにならず、言っても無駄だったことから言い返さないようになった。その後も、Hは、少なくとも数日おきに、Aを怒鳴っていた。

　Aは警察に相談したが、証拠がないと言われたため、ノートの記載とテープ録音を始めた。その後もHはAらに対して、罵詈雑言を浴びせ続けていた。Aは、これらをノートに記録するとともに、テープ録音した。

　Hは、常習脅迫で起訴された。公判において、弁護人は、Hの言動は脅迫行為には該当しない、などと主張した。

判決要旨　有罪（懲役1年6月・執行猶予4年）

　HのAらに対する発言は、「殺すぞ」とか「殺されたいんか」とか「死ね」などというものであり、明らかに生命や身体に危害を加えることを内容とする。「やりあげたる」という発言も、「死ね」とか「痛い目に遭わしたろか」という発言と同時期に怒号されたものであることに照らすと、少なくとも身体に危害を加えられるのではないかと連想させる。また、発言の態様は、執拗かつ強烈な怒号をし続けるというものであり、それらの発言の相手方を畏怖させるに十分なものといえる。

　Hが、凶器を所持したり暴力を振るったりしていなかったこと、生命・身体に危害を加える具体的な方法までは明示していなかったことは事実であるが、発言の内容や態様に照らすと、それらの事実は、脅迫の該当性を否定する事情とはならない。

解説

　本件犯人は女性であったが、録音の再生をしてみても、その発言は執拗かつ強烈な怒号であって、それだけで脅迫行為に該当するほどであると判断された。また、その発言態様に照らすと、単なる口喧嘩や近隣トラブルの域を超えて、脅迫行為に該当する、と判断された。

　本件犯人は、自宅内にいる被害者に向かって、あるいは付近の道路を通行した被害者に向かって、「死ね」とか「殺すぞ」などの言葉を、怒鳴り続けていた。そのため、被害者らは、心安らぐべき自宅での平穏な生活を乱されたり、帰宅や出かける際に脅迫されて畏怖させられたりしていた。

103 立退き交渉と弁護士法違反
最高裁平成22年7月20日決定

根拠法条：弁護士法72条、77条
参考文献：判タ1333号

ポイント 事件性の有無と弁護士業務

事案概要

　不動産売買業等を営む丙社は、ビル及び土地の所有権を取得して、当該ビルの賃借人らを立ち退かせて、ビルを解体して更地にし、土地を売却する方法で事業を行っていた。丙社は事業の一環として、本件ビルを取得して、所有していた。本件ビルには74名の賃借人が、事業用に各室を賃借して業務を行っていた。

　土地家屋の売買業等を営むＱ社の代表取締役Ｐは、弁護士資格を有していないが、本件ビルに関して、丙社から、賃借人らとの間で賃貸借契約解除に向けた契約交渉を行い、各室を明け渡させるという業務委託を受け、これを受任した。Ｐらは、本件ビルの賃借人らに対して、不安や不快感を与えるような振る舞いをしながら、約10か月にわたって立ち退き交渉を行い、賃貸借契約の合意解除を締結するなどして、明け渡しを受けた。

　Ｐは、弁護士法違反で起訴された。１審及び２審は、Ｐを有罪とした。Ｐは上告し、各賃借人と丙社との間には法律上の権利義務に争いや疑義が存するなどの事情はなく、Ｐが受託した業務は弁護士法72条にいう「その他一般の法律事件」に関するものではないから罪は成立しない、などと主張した。

決定要旨　上告棄却

　Ｐらは、多数の賃借人が存在する本件ビルを解体するため、全賃借人の立ち退きの実現を図るという業務を、報酬と立ち退き料等の経費を割合を明示することなく、一括して受領し受託した。このような業務は、賃貸借契約期間中で現にそれぞれの業務を行っており立ち退く意向を有していなかった賃

借人らに対し、専ら賃貸人側の都合で、同契約の合意解除と明渡しの実現を図るべく交渉するというものである。立ち退き合意の成否、立ち退きの時期、立ち退き料の額をめぐって、交渉において解決しなければならない法的紛議が生ずることが、ほぼ不可避である案件に係るものであったことは明らかであり、弁護士法72条にいう「その他一般の法律事件」に関するものであった。

　Pらは、報酬を得る目的で、業として、上記のような事件に関し、賃借人らとの間に生ずる法的紛議を解決するための法律事務の委託を受けて、賃借人らに不安や不快感を与えるような振る舞いをしながらこれを取り扱ったのであり、Pらの行為につき、弁護士法72条違反の罪の成立を認めた原判断は相当である。

解説

　弁護士法72条は、弁護士でない者が報酬を得る目的で、訴訟事件等のほか「その他一般の法律事件」に関して法律事務を取り扱うこと等を業とすることを禁止している。ここでいう「その他一般の法律事件」の意義について、従前から争いや疑義が具体化していることが必要であるかといった点に関して、事件性必要説と事件性不要説の考え方があった。

　最高裁は、本決定において、法的紛議が生ずることがほぼ不可避である案件に係るものについては、弁護士法72条にいう「その他一般の法律事件」に該当するとの事例判断を示している。

104 住民票の不正取得

名古屋地裁平成24年7月4日判決

> 根拠法条：刑法161条、住民基本台帳法20条、46条、戸籍法135条
> 参考文献：裁判所 web

ポ イ ン ト **職務上請求制度の悪用**

事 案 概 要

　Ｔは、共犯者と共謀し、司法書士会の会員が戸籍謄本等の交付の請求の際に使用する「戸籍謄本・住民票の写し等職務上請求書」を偽造した請求用紙9通に、請求理由欄に架空の事務遂行のため住民票の写しが必要であると記載し、区長等に送付した。その後、区長等から住民票の写しの交付を受けた。

　Ｔは、偽造有印私文書行使、住民基本台帳法違反、戸籍法違反で起訴された。

判 決 要 旨 **有罪（懲役2年・執行猶予4年）**

　本件は、探偵業界における個人情報の需要に着目し、司法書士や行政書士といった、いわゆる士業者による個人情報の職務上請求制度を悪用して、精巧に偽造された職務上請求用紙を使用して、各地方自治体に対し住民票や戸籍謄本等を継続的に不正請求していたという、職業的かつ組織的な行為の一環である。

　その態様も、各地方自治体や士業者らには容易に発覚し難いように仕組んだ巧妙なものであり、厳密に管理されるべき個人情報を多量に流出させる結果となった点で、悪質なものである。本件各犯行による個人情報の流出により、生活が脅かされるほどの実害を受けた者もあるばかりでなく、個人情報を商品化されることによる潜在的な被害や対社会的な悪影響が生じていることは、決して軽視できるものではない。

　Ｔは元弁護士であるが、かねてから不正請求の組織における主犯格の者に個人情報の職務上請求を依頼されて報酬目的で協力しており、弁護士として

の身分を失った後も、法律上の知識を利用して同様の行為に及ぶ中で、主犯格の者らが職務上請求書用紙を偽造して不正請求を行っていることを知ったにもかかわらず、これに加担して本件に及んだ。Tが元弁護士という立場にありながら、自らの法律的知識を悪用して本件に加担したことは、特に士業者の職務の公正に対する信頼を著しく傷つけた。

解説

本件は、元弁護士が共犯者と共謀して、偽造された司法書士会の職務上請求書を使用して、住民票の写しや戸籍謄本等を不正取得した事案である。

司法書士が戸籍謄本及び住民票の写し等を職務上請求する場合には、司法書士職務上請求書用紙を使用して行うことが必須である。その場合、司法書士は用紙の該当箇所に必要事項を記入し、職印を押なつした上、特定事務受任者等であることを証明する書類を提示して、請求する。ただし、郵送請求する場合、司法書士会が会員の氏名及び事務所の所在地をホームページ上などで公表している場合には、特定事務受任者等であることを証明する書類の添付等を要しないこととされていた。

司法書士会では、会員に頒布した司法書士職務上請求書について、通し番号等を記録して管理しているほか、会員に対しても、この請求書の目的外使用や他人への譲渡・貸与を禁止している。また、使用した請求書の控えについては、5年間の保存義務を課し、請求書を紛失した場合には届出義務を課していた。

豆知識(57)　名簿業者

名簿業者とは、個人を特定できる氏名、性別、生年月日、住所、電話番号等の情報（個人情報）を整理して販売している業者をいう。個人情報保護法では、本人からの削除申出があった場合必ず削除することを条件に、事業者が個人情報を第三者に提供する（有料販売も含めて）ことを認めている。名簿業者は、特定小学校の児童名簿、特定大学の学生名簿、同窓会員名簿、ゴルフ会員名簿、商工会名簿、公務員名簿等各種の名簿を販売している。名簿の購入業者は、通信販売業、宝石販売業、商品先物取引業、教材販売業等多岐にわたっている。

105 自殺者を出した加重労働

東京簡裁平成29年10月 6 日判決

> 根拠法条：労働基準法32条 1 項、119条 1 号、121条 1 項
> 参考文献：ＷＪ

ポ　イ　ン　ト　　**違法な時間外労働の蔓延**

事　案　概　要

　M社は、東京都港区に本店を置き、広告広報に関する企画制作等を営む事業主である。M社では、その事業場である東京本社に関し、労働組合東京支部との間で書面により時間外労働時間及び休日労働に関する協定を締結し、法定労働時間を超えて延長することができる時間は 1 か月につき50時間などと定めて労働基準監督署長に届け出ていたが、この労働組合東京支部が労働者の過半数で組織されておらず、同協定は無効であった。

　M社東京本社の部長D、E、Fは、同協定が有効であると誤信し、所属の労働者合計 4 名に対し、 1 か月に50時間を超えて、それぞれ 3 時間30分、 6 時間 6 分、12時間34分、19時間23分の時間外労働を行わせた。

　M社は、労働基準法違反で起訴された。

判　決　要　旨　　**有罪（罰金50万円）**

　　違法な時間外労働時間は、 4 名の労働者について、それぞれ 3 時間30分から19時間23分に及んでいる。M社においては、 1 日の所定労働時間が 7 時間とされ、土日祝日及び年末年始が休日とされていたことから、上記協定による時間外労働時間の上限は 1 か月に50時間ではあるものの、所定外労働時間の上限が70時間まで可能であったところ、さらにこの上限を超過して違法な時間外労働をさせたというのであり、その態様は軽視し得るものではない。

　　各労働者に対して与えた影響についても、自殺するに至り、労働基準監督署から長時間労働に起因して亡くなったとして労働災害認定がされた者もい

るのであって、尊い命が奪われる結果まで生じていることは看過できない。

　労働者の増員や業務量の削減などの抜本的対策が講じられることはなく、労働時間削減のための具体的な対応は、個々の労働者及び労働時間の管理を行う部長らに任されており、労働者らにおいて、具体的な勤務時間削減のための方策は見いだせないまま、いわゆるサービス残業も蔓延する状態となっていた。

　本件各犯行は、M社における以上のような労働環境の一環として生じたと認められるのであって、本件各犯行に至る経緯からしても、M社の刑事責任は重いといわざるを得ない。

解｜説

　被告会社は、東京都港区に本店（東京本社）を置き、資本金約747億円、年間売上げ約1兆6,000億円、従業員数約7,000人を有する広告代理店としては最大手の企業であった。このため、労働関係法規を順守して労働環境の適正化にも率先して取り組むべき立場にあった。

　ところが、被告会社では、違法な長時間労働が常態化していたとみられ、労働協定の上限を超える長時間労働を行う労働者が全体で毎月1,400人前後いた時期もあって、平成26年6月に関西支社が、平成27年8月に東京本社がそれぞれ労働基準監督署から是正勧告を受けることになった。しかし、その対応は、法定時間外労働がより長時間可能となるように時間外労働時間及び休日労働に関する協定を改定するなどして形式的に違法状態を解消しようとするなどの対応に終始した。

　当該会社は、本件事件に関してマスコミ等で報道され社会的信用が低下し、業績にも影響が出るなどの社会的制裁を受けた。このため、長時間残業を許容する構造や非効率的な業務プロセス、労働者の健康への配慮不足などの問題点を見直し、午後10時以降午前5時までの業務原則禁止などの措置を講じ、新しい働き方への転換を図ることとした。

106 猟銃許可の違法性
宇都宮地裁平成19年5月24日判決

根拠法条：国賠法1条1項、銃刀法5条1項
参考文献：判時1973号

ポイント　猟銃使用犯罪の責任

事案概要

　OとBは新興住宅地に居住していたが、争いが生じ、OからBに対する嫌がらせが続いた。Bは市役所や警察署に相談したが、警察としては近隣トラブルとして処理していたため、Bは警察に不信を持っていた。

　そのような状況の下、Oは、Y県公安委員会に対して、標的射撃を用途とする銃砲所持許可申請を行った。審査担当者の警察官は、OとBとの長年のトラブルを承知していたが、そのトラブルが隣近所のいさかいであると評価し、Oは欠格事由に該当しないと判断して、許可相当の意見を報告した。その結果、警察署長は本件許可処分をし、Oに猟銃所持許可証が交付された。Oは猟銃を購入し、射撃場でトラップ射撃を行った。

　約1か月後、OはB宅の窓ガラスを割って押し入って、至近距離からBの右胸に3発の銃弾を打ち込み、発射音に驚いた隣家のXに対しても、発砲した。その後、Oは自ら銃弾で頭を撃ち、自殺した。Bは病院に搬送されたが出血性ショックで死亡し、Xは一命を取り留めたが身体障害1級の後遺症の傷害を被った。

　X及びBの遺族らは、Oに対する猟銃所持許可処分は違法であるなどとして、国賠法に基づき、Y県や担当警察官らに合計7,700万円の損害賠償を請求した。

判決要旨　Y県はXらに合計4,700万円を支払え（控訴の後に和解）

　銃刀法上の所持許可処分にかかる公務員の職務行為が国賠法1条1項の適用上違法となるかどうかは、許可処分の法的要件充足性の有無のみならず、被侵害利益の種類、性質、侵害行為の態様及びその原因、当該処分発動に対

する被害者側の関与の有無、程度並びに損害の程度等、諸般の事情を総合的に考慮して、当該公務員の当該処分に至る過程における行動が、個別の国民に対して負う職務上の法的義務に違背したか否かにより、決すべきである。

　Oの猟銃所持の目的が標的射撃にあったとは考えにくく、むしろ、本件許可処分の僅か約1か月後に本件事件に及んでいること、本件事件当日その発端となる特段のトラブルがあったことはうかがわれないことや、加害意思の存在、トラブルの危険性、深刻さ及びその継続性等に照らせば、Oは銃を用いてBへ危害を加えるために、本件許可申請を行ったと認める。

　OがBとの間に長期かつ険悪、深刻なトラブルを抱え、Bへの加害意思に加え、激情性というべき性格を有しており、Bへの加害に銃を用いることを意図して本件許可申請を行った事実に加え、殺傷を目的とする凶器としての銃の性質を考慮すれば、Oには本件許可処分時において、Bの生命あるいは身体に危害を加えるおそれがあった。

　本件許可処分は、重要な事実の誤認により事実の基礎を欠くものであり、欠格事由に該当しないことという、銃刀法上の銃所持許可要件を充足しないものであった。

解説

　銃刀法は、殺傷を目的とする凶器である銃砲刀剣類及びこれらに類する物件を所持、使用することなどにより生ずる危険性に鑑み、その危害を予防し、国民の生活の安全を図ることを目的として、銃砲等の所持を一般的に禁止する等、必要な規制を定めている。

　本判決では、銃刀法は個々人の生命及び身体という個別的利益を保護する趣旨を含む、と解している。

107 ３Ｄプリンター銃の製造

横浜地裁平成26年10月20日判決

> 根拠法条：武器等製造法４条、31条１項、銃刀法３条１項、31条の３
> 参考文献：裁判所 web

ポイント ３Ｄプリンターを用いた拳銃製造

事案概要

　Ｚは、自宅において、ポリ乳酸樹脂等を材料として、パソコン、３Ｄプリンター、ボール盤等を使用して、拳銃の部品である銃身兼薬室、引き金、撃鉄等を作成した上、これらを組み立て、その銃口を貫通させるなどして、手製拳銃１丁（３Ｄプリンター銃）を製造した。さらに、その後も同様な方法を用いて、拳銃１丁を製造した。

　Ｚは、武器等製造法違反等で起訴された。公判において、Ｚは、他にも容易に改造できるモデルガン等が公然と販売されており、３Ｄプリンター銃の製造及び所持も許されると誤信した、などと主張した。

判決要旨 **有罪（懲役２年）**

　Ｚは、格別の専門的な知識や技能を要することなく設計図どおりの立体部品を製造することができる３Ｄプリンターを用いれば、誰でも比較的簡単に拳銃を製造することができるということを、本件製造罪を実行することによって、実証した。さらに、Ｚが当初から、本件３Ｄプリンター銃の製造過程等をインターネットを通じて広く公開することを意図していたことをも併せ考慮すると、本件製造行為は極めて模倣性の高い悪質なものといわざるを得ない。

　Ｚが、誰でも拳銃を製造して所持できるようにすべきだ、と考えること自体は自由であるにしても、その主張を実現するために本件犯行を実行したことは、到底許されるものではない。

解説

　本件犯行の経緯を見ると、犯人は、拳銃の製造や所持等が厳しく規制されている我が国の法制度に反対の考えを有していたが、米国で3Dプリンターを用いて拳銃の部品が製造されたことを知り、自らの知識及び技能を誇示するとともに、誰でもそのような拳銃を製造して所持できることを示して、銃規制を形骸化しようと考えた。そして、3Dプリンターを入手した上で、本件犯行に及んだ。

　本件3Dプリンター銃は、いずれも銃口内に金属製のプレートが挿入され固定されており、そのままの状態では金属性弾丸の発射が不可能であった。しかし、プレートを除去すれば金属性弾丸の発射が可能であり、その除去作業は、科学捜査研究所の技術職員をして、ハンマーやドリルを用いれば1時間以内で完了した。

　したがって、本件3Dプリンター銃は、そのままの状態では金属性弾丸の発射は不可能であったが、ある程度の技術を有する者であれば、ごく短時間の容易な作業により、その発射機能を回復ないし付与することが可能であり、武器等製造法及び銃刀法にいう「けん銃」に該当する、と判断された。

豆知識⑤8　刃物の規制

　刃物の規制には、銃刀法の規制と軽犯罪法の規制がある。銃刀法では、刃体の長さが6センチメートルを超える刃物について「業務その他正当な理由による場合を除いては携帯してはならない」と定め、違反者は2年以下の懲役又は30万円以下の罰金に処せられる。軽犯罪法では、正当な理由がなくて刃物、鉄棒その他人の生命を害し、又は人の身体に重大な害を加えるのに使用されるような器具を隠して携帯していた者は、拘留又は科料に処せられる。

108 鳥インフルエンザの未届

京都地裁平成16年8月10日判決

> 根拠法条：家畜伝染病予防法13条1項、63条
> 参考文献：裁判所web

ポイント 家畜伝染病の隠蔽

事案概要

　甲社は、鶏卵の生産販売等を事業内容としており、5か所の農場を有していた。このうち本件農場には10棟の鶏舎があって、約25万羽の採卵鶏を飼育していた。甲社は事業を順調に拡大させ、従業員約230名、年商約30億円と、養鶏業屈指の規模に発展していた。Fは甲社社長であり、経営全般に携わっていた。

　ある日、甲社従業員が鶏舎巡回中に、数十羽の鶏がまとまって死亡しているのを発見して、Fに報告した。Fは鳥インフルエンザではないかと不安になり、別の従業員に死鶏を解剖させたが、原因不明で獣医師への診察を進言された。しかし、Fは抗生物質の投与を指示したのみであった。3日後には死鶏数は1,000羽を超え、その2日後には3,000羽を超えた。Fは甲社創業者の会長に相談したが、行政機関への届出を止められ、鶏舎内の異変を察知されないうちに農場の鶏を一掃するため、生鶏24万羽の引取りを食肉加工販売業者に依頼した。

　Fが行政機関への届出を行わないうちに、匿名電話によって感染事実が通報され、家畜保健衛生所の立入調査が実施された。そして、鳥インフルエンザ感染が判明した。Fは、鳥インフルエンザの擬似家畜を発見したにもかかわらず、その旨届け出なかったとして、家畜伝染病予防法違反で起訴された。

判決要旨 有罪（懲役1年・執行猶予3年）

　Fは、部下から鶏舎内の鶏が多数死亡しているとの報告を受け、鳥インフルエンザに感染したかもしれないという予感を抱いたものの、感染が発覚すれば甲社の倒産は必至と思い、その現実を目の当たりにすることを恐れ、従

業員から専門家である獣医師に死鶏の診察を依頼することを進言されたのにそれを無視し、ただ漫然と腸炎に効果のある抗生物質を与え続けた。

　そのうち、異常なまでに死鶏数が膨れ上がるとともに、死鶏の異様な光景を目にして、いよいよ鳥インフルエンザの感染を確信するに至ると、感染の事実を家畜保健衛生所に届け出なければならないと思う一方で、届け出れば甲社が倒産してしまうことから、会社の存続に関わる重大事項は甲社創業者である会長に判断してもらうしかないと考えて、その指示を仰ぐことにした。会長と共に鶏舎に赴き、死鶏の一部が鳥インフルエンザ特有の症状を示していることを確認したにもかかわらず、翌朝の状況を見て届け出るか否かを判断するという会長の指示に従うまま、本件犯行に及んだ。

解説

　鳥インフルエンザは感染力や毒性の非常に強い疾病であり、鳥インフルエンザが発生した場合には、直ちに防疫対策を講じてウイルスの完全消滅を図る必要がある。このため、異常な鶏を発見した場合には、早期に行政機関に通報することが求められる。

　本件犯人は、家畜保健衛生所等から再三にわたる指導等を受け、異常な鶏を発見した際には、直ちに届け出て防疫対策等を講じなければならないことを、十分に理解していた。にもかかわらず、鳥インフルエンザに感染したことを確信するに至っても、直ちに届け出ることをせず、行政機関に発覚した場合に備えて、生産日報に記載された死鶏数を改ざんさせたり、鶏を養鶏場から一掃して鳥インフルエンザ感染の事実を徹底的に隠そうと考え、合計 1 万5,000羽以上の鶏を食肉加工業者に出荷して引き取らせるなどしていた。

　食に携わる業者として、国民の食生活の安全等にも社会的責任を負っているとの自覚に欠け、鳥インフルエンザの害悪が拡散する危険性や社会に与える不安や動揺を全く顧みなかった、自己中心的な犯行である、と判断された。

109 感染症を口実とした業務妨害
名古屋地裁令和2年8月12日判決

根拠法条：刑法234条
参考文献：裁判所 web

ポイント　新型コロナウイルスの脅威につけ込む卑劣な犯罪

事案概要

　S（当時49歳の無職の男）は、令和2年3月25日午後0時57分頃、名古屋市内のドラッグストアにおいて、従業員戊に対し、「俺コロナなんだけど」「俺陽性」などと申し向けた上、戊に向かって咳をするなどした。その結果、戊らは、店を閉店して、店内の消毒作業を行うこととなった。

　Sは、威力を用いて人の業務を妨害した（威力業務妨害）として、起訴された。

判決要旨　有罪（懲役1年4月・執行猶予3年）

　Sは、新型コロナウイルスの感染拡大が社会的な問題となっている中で、コロナに感染している趣旨の発言をした上で、わざと咳をするなどしており、被害店舗に警察への通報、店内の消毒作業のための閉店、警備強化等の対応を余儀なくさせたもので、被害結果は大きい。

　Sは、店員の反応を見たいという思いから、冗談のつもりで上記発言等をしたというのであるが、その動機に酌むべきものはなく、Sの刑事責任を軽くみることはできない。

　しかしながら、Sが被害店舗に対し、閉店や警備強化等の対応により発生した被害額である83万円余を弁償して示談したことは相応に考慮する必要がある。その他、Sが罪を認めて謝罪の言葉を述べていること、母親がSを監督する旨誓約していること、懲役刑又は禁錮刑に処せられた前科がないことなどのSのために酌むべき事情が認められるので、Sに対しては、主文の刑を科した上、情状によりその刑の執行を猶予するのが相当と判断した。

解説

　本件は、新型コロナウイルス感染症に感染しているなどとうそを言って、ドラッグストアの業務を妨害したという威力業務妨害の事案である。

　関連する事案としては、愛知県内の町役場の１階ロビーにおいて、38歳の無職の男が、「俺コロナ。陽性反応が出た。」などと言って、感染しているように装い、町役場を閉鎖させた事案がある（名古屋地裁令和２年８月11日判決）。この威力業務妨害事案では、男は懲役１年６月・執行猶予３年に処せられた。

　また、成田空港を出発する直前の航空機内において、70歳の無職の男が、客室乗務員に対して「俺、陽性だけど大丈夫」などと言って、出発を１時間15分遅らせた事案がある（千葉地裁令和２年11月11日判決）。この偽計業務妨害事案では、弁護側は、「ウイルス性の下痢を陽性と表現した」などと主張したが、判決では「新型コロナウイルスの脅威につけ込む卑劣な行為」と判断し、男を有罪（懲役10月・執行猶予３年）とした。

東名あおり事故のデマ情報投稿

110

福岡地裁小倉支部令和2年12月10日判決

根拠法条：刑法230条
参考文献：裁判所 web

ポイント　**事実無根のデマ情報を流布した刑事責任**

事案概要

　平成29年10月10日、建設作業員Kが、東名高速道路において、家族が乗っていた車の進路をふさいで停止させ、大型トラックによる追突事故を誘発させて死傷事故を起こしたとして逮捕され、新聞等で広く報道された。

　翌11日、インターネットの匿名掲示板に、「K容疑者なぜPAから追いかけていった？」などと題するスレッドが作成された。本件スレッドは、匿名での投稿が可能であり、投稿の順に番号が付されて表示され、不特定多数の者が閲覧可能であった。同日、氏名不詳者が、本件スレッドに、匿名で「Kの親って建設会社社長をしてるってマジ？」などという投稿をした（793番の投稿）。

　同日、Qは、本件スレッドに、冒頭「＞＞793」と記載した上、「これ？違うかな。」という文章を記載し、更に続けて、ホームページのURLを記載した投稿をし（本件投稿）、これを不特定多数の者が閲覧可能な状態にした。このURLをクリックすると、甲社の会社情報として、その所在地や電話番号のほか、建設、建築業等を営んでいる旨記載がされたホームページが表示されるものであった。同日以降、甲社は、Kとは全く関係がないにもかかわらず、苦情の電話や無言電話が殺到し、一時休業を余儀なくされるなどの風評被害を受けた。

　Qは、甲社の名誉を毀損したとして、名誉毀損で起訴された。

判決要旨　**有罪（罰金30万円）**

　弁護人は、本件投稿がされた媒体が匿名掲示板であることに加え、本件投稿の体裁が疑問符を付け、確認を求めるものであることなどからすると、そ

もそも事実の摘示があったとは評価できない旨主張する。

　確かに、匿名掲示板では、一定の虚偽事実が投稿されることは周知の事実といえる。しかしながら、他方で、投稿された内容はすべからく虚偽事実との認識まで広く共有されているとは考えにくく、結局のところ、閲覧者は、その媒体の性質を踏まえつつ、その投稿の内容等に則して、審議の可能性について判断を行っているものと解される。

　そうしたところ、本件投稿は、疑問符を用い、「違うかな。」と記載して断定的な表現をしてはいないものの、その記載上、793番の投稿の内容自体には疑問を呈することなく、記載した経緯についての説明や何らの留保を付さないまま、793番の投稿内容を前提に、それに沿った甲社の情報を記載しているのであるから、本件投稿の閲覧者において、甲社が793番の投稿でいうKの父親が経営する会社であり、Kの勤務先等である可能性がおよそないものと理解するとは考え難い。現に、本件投稿を閲覧した者の中には、本件投稿を元にして、更に本件投稿と同種とうかがわれる内容を投稿した者がおり、そのような情報が順次拡散した結果、甲社が対応を余儀なくされる結果となっていることも併せ鑑みれば、本件投稿が、およそ信頼性の低い情報として受け取られるものとの疑いは存しない。

　Qは、本件投稿により、甲社の名誉を毀損するかもしれないことを認識しながら、あえて本件投稿をしたと推認することができ、Qが少なくとも名誉毀損の未必的な故意をもって、本件投稿に及んだと認められる。

解説

　警察では、本件デマ情報をインターネットに流布した容疑で11人を名誉毀損で書類送検し、検察庁では、平成30年8月、全員を不起訴処分にした。

　そのうち、9人について、検察審査会が令和元年10月に「起訴相当」と議決した。その後、検察庁が再捜査し、1名を正式起訴し、5名を略式起訴し、3名を不起訴処分とした。

判 例 索 引

最高裁判所

高等裁判所

地方裁判所

家庭裁判所

簡易裁判所

付録判例　目次

242

1　人身安全関連事犯

(1)　ストーカー規制法の合憲性（最高裁平成15年12月11日判決）

（事案概要）　X（当時22歳）は、かつて交際していた女性A（当時21歳）に対し、A宅に2回にわたりバラの花束を配達させてその受取りを要求し、5回にわたり郵便物を送って連絡を要求し、つきまとい等を反復したとして、ストーカー規制法違反で起訴された。

1審及び2審は、Xを有罪とした。Xは上告し、ストーカー規制法は憲法違反であるなどと主張した。

（判決要旨）　上告棄却

ストーカー規制法は、社会的に逸脱したつきまとい等の行為を規制の対象とした上で、相手方に対する法益侵害が重大で刑罰による抑制が必要な場合に限って、相手方の処罰意思に基づき刑罰を科すこととした。しかも、法定刑は特に過酷なものではないから、規制の内容は合理的で相当なものである。ストーカー規制法の目的の正当性、規制の内容の合理性、相当性にかんがみれば、ストーカー規制法は憲法13条、21条1項（表現の自由）に違反しない。

（参考）　判時1846号

(2)　ＤＶ殺人事件（高松高裁平成19年12月11日判決）

（事案概要）　J（当時40歳）は、夫であるRの暴力から逃れて子供3人を連れて身を隠し、接近禁止の保護命令を受けて、離婚調停を申し立てた。Rは、Jを恨み、脇差等を携帯して、保護命令に違反して居宅付近をはいかいし、居室内に侵入して、Jを脇差で多数回刺して殺害した。Rは、殺人、ＤＶ防止法違反、銃刀法違反で起訴された。1審は、Rを有罪（無期懲役）とした。Rが控訴した。

（判決要旨）　原判決破棄・有罪（懲役30年）

Rは、Jが自分を欺きながら準備をして家出をしたなどから激しい憎しみを抱き、裁判官に自分の言い分を訴えるも保護命令が出た上、家事調停では自分の言い分を聞いてもらえなかったなどから、事件を起こすことでＤＶ防止法が不当であるなどと訴えようとして、Jの殺害を決意した。なお、1審後の事情として、改悛の情が認められるなどを考慮して、懲役30年に処することとした。

（参考）　高等裁判所刑事裁判速報集（平成19年）

2　少年・福祉犯事犯

(3)　条例による有害図書規制（最高裁平成元年9月19日判決）

（事案概要）　Z社は、自動販売機で図書を販売する会社であるが、岐阜県青少年保護育成条例で包括指定（卑わいな姿態の写真等が編集紙面の過半を占めるもの）された有害図書を自動販売機に5回にわたり収納した。Z社は、本条例違反で起訴された。1審及び2審は、Z社を有罪（罰金6万円）とした。Z社は上告した。

（判決要旨）　上告棄却

　有害図書が一般に思慮分別の未熟な青少年の性に関する価値観に悪影響を及ぼし、性的な逸脱行為や残虐な行為を容認する風潮の助長につながるものであって、青少年の健全な育成に有害であることは、既に社会共通の認識になっているといってよい。有害図書の自動販売機への収納の禁止は、青少年に対する関係において、憲法21条1項に違反しないことはもとより、成人に対する関係においても、有害図書の流通を幾分制約することにはなるものの、青少年の健全な育成を阻害する有害環境を浄化するための規制に伴う必要やむをえない制約であるから、憲法21条1項に違反するものではない。

（参考）　判時1327号

(4)　児童ポルノの範囲（京都地裁平成12年7月17日判決）

（事案概要）　Lは、生活が困窮したため、児童ポルノ等の販売で金を稼ごうとして、パソコン通信の電子掲示板に児童ポルノの写真集等の販売広告を掲示した。そして、購入を申し込んだ2名の客に児童ポルノ写真集等を販売した。Lは、児童ポルノ法違反等で起訴された。

（判決要旨）　有罪（懲役1年6月・執行猶予3年）

　児童ポルノ法は、刑法におけるわいせつの定義（徒に性欲を興奮又は刺激せしめ、かつ、普通人の正常な性的羞恥心を害し、善良な性的道義観念に反するもの）とは異なった観点から児童ポルノの範囲を定め、性欲を興奮又は刺激せしめる点は必要であるが、「徒に」興奮又は刺激しなくても処罰対象とし、禁止行為の範囲も業としての貸与、頒布等の目的での製造等にまで広げ、国内外を問わず処罰することとした。

（参考）　判タ1064号

(5) 少年法61条の推知報道（最高裁平成15年3月14日判決）

（事案概要）　Sは、犯行当時18歳で、連続して殺人、強盗殺人、死体遺棄等の事件を敢行した。この事件に関して、雑誌社N社が週刊誌に記事を掲載し、その中でSについて、仮名を用いて、法廷での様子、経歴や交友関係等を記載した。Sは、この記事が少年法61条（推知報道の禁止規定）に違反するとして、N社に損害賠償を請求した。1審及び2審は、Sの請求を認め、N社に損害賠償（30万円）の支払いを命じた。N社が上告した。

（判決要旨）　原判決破棄・差戻し

本件記事は、Sについて特定するに足りる記事の掲載はないから、本件記事によりSが当該事件の本人であることを推知することができるとはいえない。したがって、本件記事は、少年法61条の規定に違反するものではない。本件記事の掲載によって不法行為が成立するか否かは、被侵害利益ごとに違法性阻却事由の有無等を審理し、個別具体的に判断すべきものである。

（参考）　判時1825号

3　風俗・わいせつ事犯

(6) パチンコ店の距離制限（岐阜地裁平成18年8月9日判決）

（事案概要）　遊技場経営等をしているK社は、共同で大型複合商業施設を完成させ、その中に風営法の許可を受けたパチンコ店及びゲームセンターを設けた。地元小学校の青少年育成推進会Oは、小学校敷地と商業施設駐車場との距離が50メートル足らずであり、風営法の距離制限規定に抵触するとして公安委員会の許可処分の取消しを請求した。

（判決要旨）　Oの請求棄却

風営法の距離制限規定は、健全な教育環境を保持するために、学校の敷地から一定の範囲内における風俗営業の営業所の設置を制限している。本件駐車場は、専ら本件パチンコ店等の営業の用に供される施設とはいえないから、風俗営業の「営業所」とは認められない。本件の「営業所」とは本件建物自体となり、小学校から100メートル以上離れており、本件処分は風営法の距離制限規定には違反しない。

（参考）　判タ1224号

4　サイバー事犯

(7)　ゲームセンターでの不正工作（大阪地裁平成30年6月12日判決）

（事案概要）　Hは、ゲームセンター5店舗を経営していたが、店舗内に高額商品を景品としたプライズゲーム機を設置し、遊技客から1回1,000円以上の代金を取っていた。Hは、停止ボタンを操作してもそのタイミングで機器が機能しないというペイアウト管理機能を悪用して、実演時や練習時と条件を変え遊技客に景品が取られないように仕組み、ゲーム代金として多額の現金の交付を受けた。Hは、詐欺で起訴された。

（判決要旨）　有罪（懲役3年・執行猶予4年）

その手口は、客を本件ゲーム機に誘導し、初めに店員が実演し、次いで客に練習させて、実際に景品が簡単に獲得できるかのように思い込ませた上、実際にゲームを始める際には、密かにゲーム機の設定を変えるなどして、事実上景品を獲得できない状態にし、ゲームを始めた客がゲームを止めないよう、高額の商品を次々と上乗せして射幸心を煽るとともに、「今止めるともったいない」などと声かけをして、客の心理を巧みにつき、何度もゲームに挑戦させた。

（参考）　裁判所 web

(8)　電子メールの盗み見（高松地裁丸亀支部平成14年10月16日判決）

（事案概要）　Qは、アクセス制御機能を有する特定電子計算機であるサーバに、メールサービス会員Cを利用権者として付された識別番号であるユーザーID及びパスワードを入力するという不正アクセス行為をして、サーバ内の電子メールを盗み見するなどした。Qは、不正アクセス禁止法違反で起訴された。

（判決要旨）　有罪（懲役1年・執行猶予3年）

Qは、パソコンでインターネットをしていて知り合った女性Cから会おうと誘われたが、内向的性格からこれに応じることができず苛立ちを募らせ、Cを困らせてこれを解消しようと、Cにわいせつなメール等が送信されるよう仕向けたが、その受信状況等を確認しようなどと考え、不正アクセス行為を行い、これが成功したことで味をしめ、病み付きになり、他の電子メールを覗き見ようと犯行に及んだ。執拗にパスワードを探索し、頻繁に不正アクセスをしていること等、犯行態様も悪質である。

（参考）　裁判所 web

⑼　ネットオークションへの偽造品出品（東京地裁平成14年2月8日判決）

（事案概要）　Gは、警察装備品マニアで、警察等の公記号を表示して偽造し、真正な警察手帳と酷似する手帳4冊を作成し、インターネット・オークションを通じて販売した。Gは、公記号偽造罪で起訴されたが、マニアであれば偽造された警察手帳を悪用しないだろうと安易に考えていたなどと供述していた。

（判決要旨）　有罪（懲役1年6月・執行猶予3年）

公記号偽造罪における行使の目的は、公記号に対する公衆の信用を保護法益とするものであるから、偽造者が自ら公記号を真正なものとして使用する意図を有する場合のみならず、第三者をして同様に使用させる意図を有する場合、さらには、第三者が同様の意図を有することを認識している場合においても、行使の目的を有すると解される。また、公記号偽造罪が公共危険犯であることからすれば、当該公記号を真正なものとして使用することが確定的である場合に限られず、そのような蓋然性を認識している場合にも公共の安全が害されうるので、行使の目的を有する。

（参考）　判時1821号

⑽　食品への縫い針混入（東京地裁平成14年7月8日判決）

（事案概要）　Tは、駅構内の売店において、商品陳列棚にあったクロワッサン、おにぎり、サンドイッチに縫い針（長さ約3.5センチメートル）各1本を差し入れて混入した。Tは、偽計業務妨害で起訴された。

（判決要旨）　有罪（懲役1年6月・執行猶予5年・保護観察付）

Tは、自らレジで代金を支払わないまま商品を食べようとするなど万引きと疑われる不審な行動をとりながら、店長にとがめられ注意されたことを逆恨みし、多数の客が出入りする駅構内の店で販売用に陳列していたパン等3種類の食品に、携帯していた縫い針を次々と深く差し入れた。Tが縫い針を混入させた商品は客に販売され、少なくとも2点は購入客が気付かず口の中に入れており、購入客が違和感を感じ吐き出したため身体等に対する現実的被害は発生しなかったものの、極めて危険性も高く、犯行態様は極めて悪い。

（参考）　裁判所web

⑪ 医師法による届出義務（最高裁平成16年4月13日判決）

（事案概要） 都立病院院長Ｖは、看護師が患者に点滴する際に生理食塩水と間違えて消毒液を注入して患者が死亡した事案があったが、当該患者の死体を検案した担当医師と共謀して、医師法21条の届出義務を果たさなかった。Ｖは、医師法違反で起訴された。1審及び2審は、Ｖを有罪とした。Ｖは上告した。

（判決要旨） 上告棄却

医師法21条にいう死体の「検案」とは、医師が死因等を判定するために死体の外表を検査することをいい、当該死体が自己の診療していた患者のものであるか否かは問わない。本件届出義務は、医師が死体を検案して死因等に異状があると認めたときは警察署に届け出るものであって、これにより、届出人と死体とのかかわり等犯罪行為を構成する事項の供述までも強制されるものではない。死体を検案して異状を認めた医師は、自己がその死因等につき診療行為における業務上過失致死等の罪責を問われるおそれがある場合にも、本件届出義務を負うことは、憲法38条1項に違反するものではない。

（参考） 判タ1153号

⑫ 産業廃棄物の野積み（最高裁平成18年2月20日決定）

（事案概要） Ｗ社はアルミニウム再生精錬事業を行っている会社で、Ｍは工場長として業務を統括管理していた。Ｍは、工場で排出される汚泥、がれき等の産業廃棄物のうち、処理業者に引き受けてもらえないものを工場敷地内で掘られた素掘りの穴に埋め、穴が一杯になると表面を覆土していた。その過程で、穴のわきに産業廃棄物を積み上げ、野積みにしていた。Ｍは、廃棄物処理法違反（不法投棄）で起訴された。1審及び2審は、Ｍを有罪とした。Ｍは上告した。

（決定要旨） 上告棄却

本件行為は、汚泥等を工場敷地内に設けられた穴に埋め立てることを前提に、そのわきに野積みしたというもので、その態様、期間等に照らしても、仮置きなどとは認められず、不要物としてその管理を放棄したものというほかない。産業廃棄物を野積みした行為は、生活環境の保全及び公衆衛生の向上を図るという法の趣旨に照らし、社会的に許容されるものではない。

（参考） 判時1926号

6　経済事犯

⒀　地下銀行の不正送金（横浜地裁平成15年12月25日判決）

（**事案概要**）　不法残留者Ｐは、いわゆる地下銀行の送金側の営業担当者として送金申込みの受付・集金等に従事しており、合計2,560万円を香港等へ不正送金するとともに、偽造外国人登録証明書を用いて虚偽の告知書を提出して香港へ多額の送金を行った。Ｐは、銀行法違反等で起訴された。

（**判決要旨**）　有罪（懲役２年２月、罰金100万円）

犯行の態様は、他人名義の銀行口座を用いるなどして送金依頼者から徴収した金員を日本国内在住の共犯者らに委ね、金融機関を通じて香港に送金するなど組織的かつ巧妙なものである。本件送金依頼人の中には本邦在留資格を有しない者が複数いるうえ、近時、地下銀行はいわゆるマネー・ロンダリング目的等で利用されることが多く、その暗躍により、外国人の不法就労、日本国内における違法活動の助長のみならず国際的な悪影響すら懸念される。

（**参考**）　判タ1177号

⒁　無登録貸金業の高金利（最高裁平成17年８月１日決定）

（**事案概要**）　無登録貸金業を営んでいたＫは、多重債務者等に融資を持ち掛けて少額融資を行い、返済金は架空人名義の預金口座に振り込ませて仮装していた。Ｋは、貸金業法違反（無登録貸金業）、出資法違反（制限超過利息の受領）、組織的犯罪処罰法違反（犯罪収益等の仮装）で起訴された。１審及び２審は、Ｋを有罪とした。Ｋは上告し、制限超過利息の受領罪は営業犯として一罪となるなどと主張した。

（**決定要旨**）　上告棄却

出資法５条２項に違反する行為が反復累行された場合、個々の契約又は受領ごとに一罪が成立し、併合罪として処断すべきである。無登録貸金業の罪と業として金銭の貸付けを行う中での制限超過利息の受領行為とは、社会的見解上一個のものと評価することはできず、一方が他方の手段又は結果であるともいえないから、刑法54条１項の観念的競合又は牽連犯とはならず、併合罪として処断すべきである。

（**参考**）　判時1907号

7　諸法令事犯

⒂　海の家の不正営業（那覇地裁沖縄支部平成 8 年 2 月20日判決）

（事案概要）　Uは、海岸保全区域内において、海岸管理者（知事）の許可を受けずに、露店や立看板を設け、ジェットスキー、ビーチパラソル等の賃貸営業を行った。Uの露店は、組立式テント 3 張りを連結したもので、テントの支柱等は砂の中に埋められていた。Uは、海岸法違反で起訴された。

（判決要旨）　**有罪（懲役 1 年・執行猶予 3 年）**

　海岸法では、海岸管理者以外の者が、海岸保全区域内において、海岸保全施設以外の施設又は工作物を設けて、当該海岸保全区域を占有しようとするときは、海岸管理者の許可を受けなければならない。Uは、同所を排他的独占的に継続して使用したもの、すなわち海岸法 7 条 1 項所定の施設又は工作物を設けて、本件海浜を「占有」した。

（参考）　判時1573号

⒃　行政書士の登記申請代理（最高裁平成12年 2 月 8 日判決）

（事案概要）　行政書士Fは、業として17回にわたり、地方法務局等において、代理人として、有限会社変更登記17件の登記申請手続を行った。Fは、司法書士法違反で起訴された。 1 審及び 2 審は、Fを有罪とした。Fは上告し、司法書士法の規制は憲法22条 1 項（職業選択の自由）に違反するなどと主張した。

（判決要旨）　**上告棄却**

　司法書士法の規定は、登記制度が国民の権利義務等社会生活上の利益に重大な影響を及ぼすものであることなどに鑑み、法律に別段の定めがある場合を除き、司法書士以外の者が、他人の嘱託を受けて、登記に関する手続について代理する業務及び登記申請書類を作成する業務を行うことを禁止し、これに違反した者を処罰することにした。右規制は公共の福祉に合致した合理的なもので、憲法22条 1 項に違反するものでない。

（参考）　判時1706号

⑰　ダフ屋行為（横浜地裁平成13年12月18日判決）

（事案概要）　Hはダフ屋であり、横浜市内のホール前にて、コンサート開演の約1時間前から、コンサート入場者に対して「チケットあるよ。良い券あるよ。安くしとくよ。」などと、しつこく声を掛けていた。警察官が、Hの行為を現認して、検挙した。Hは、迷惑防止条例違反で起訴された。

（判決要旨）　有罪（懲役6月）

Hは、Hの持っているチケット1枚を、乙の持っているチケット2枚と交換し、かつ追加料金の支払いを受けようとして、交渉を始めた。Hが乙の前に近づき、乙を促して、少し場所を移動したりしたことが認められる。「つきまとう」とは、他人の行動に追随することをいい、人の前後、側方について歩き、又は止まって離れないことをいうのであるから、Hのその行為は、「つきまとう」ことに該当する。

（参考）　裁判所 web

⑱　公衆便所の落書き（最高裁平成18年1月17日決定）

（事案概要）　Yは、区立公園内の公衆便所の白色外壁に、ラッカースプレー2本を用いて赤色及び黒色のペンキを吹き付け、外壁のほとんどを埋め尽くすような形で、「反戦」、「戦争反対」等と大書した。本件落書きは、水道水や洗剤、ラッカーシンナーでは消去できず、壁面を再塗装することになった（約7万円の費用）。Yは、建造物損壊罪で起訴された。1審及び2審は、Yを有罪（懲役1年2月・執行猶予3年）とした。Yは上告した。

（決定要旨）　上告棄却

本件落書き行為は、本件建物の外観ないし美観を著しく汚損し、原状回復に相当の困難を生じさせたものであって、その効用を減損させたものというべきであるから、「損壊」に当たる。

（参考）　判時1927号

［著者略歴］

江原　伸一（えばら　しんいち）
1980年警察庁入庁。
警察大学校生活安全教養部長、富山県警察本部長、岡山県
警察本部長、中国管区警察局長等を歴任し、2014年退職。
（一社）日本二輪車普及安全協会常務理事。

実務セレクト

生活安全警察　110判例

平成28年 5 月10日　初　版　発　行
令和 2 年 9 月20日　初 版 5 刷発行
令和 3 年 7 月 1 日　改 訂 版 発 行

著　者　　江　原　伸　一
発行者　　星　沢　卓　也
発行所　　東京法令出版株式会社

112-0002	東京都文京区小石川 5 丁目17番 3 号	03(5803)3304
534-0024	大阪市都島区東野田町 1 丁目17番12号	06(6355)5226
062-0902	札幌市豊平区豊平 2 条 5 丁目 1 番27号	011(822)8811
980-0012	仙台市青葉区錦町 1 丁目 1 番10号	022(216)5871
460-0003	名古屋市中区錦 1 丁目 6 番34号	052(218)5552
730-0005	広 島 市 中 区 西 白 島 町 11 番 9 号	082(212)0888
810-0011	福岡市中央区高砂 2 丁目13番22号	092(533)1588
380-8688	長 野 市 南 千 歳 町 1005 番 地	

〔営業〕 TEL 026(224)5411　FAX 026(224)5419
〔編集〕 TEL 026(224)5412　FAX 026(224)5439
https://www.tokyo-horei.co.jp/

ISBN978-4-8090-1431-4